El pastor Benny Hinn es un
ministro ungido que ha dedicac
groso de Dios a millones de p
siento personalmente emociona
libro sobre el Oriente Medio p
allí, y ha regresado muchas veces como adulto, proporcionándole perspectivas únicas sobre las relaciones entre árabes y judíos en esa región. Si usted desea tener un entendimiento más profundo de los problemas que Israel afronta y de lo que sucederá, le recomiendo encarecidamente que lea este libro.

—Pat Robertson
Presidente de la Junta de The Christian Broadcasting Network, Inc.

Pocas personas comprenden que Benny Hinn ha sido un estudioso de la profecía bíblica la mayor parte de su vida adulta. Varias veces hemos hablado de su profundo interés por Israel y por los palestinos. Este libro, basado en las Escrituras y escrito por un hombre que nació en la región y que ha entrevistado a líderes clave en ambas partes, es lectura obligada para cualquiera que esté interesado en las verdaderas causas y remedios para el conflicto en Oriente Medio.

—Tim LaHaye
Coautor de la serie *Dejados atrás*

A lo largo de los años, he tenido la bendición de ser testigo ocular de muchos milagros en las campañas de Benny Hinn y de ver su pasión por alcanzar a la gente de todos los rincones de la tierra con el mensaje transformador del evangelio. Como el único líder de un importante ministerio cristiano que puede decir que Israel es su tierra natal, el pastor Benny tiene un entendimiento único de los complejos problemas que asedian la región del Oriente Medio. Este libro es lectura obligada para todo aquel que quiera una explicación privilegiada de los conflictos pasados y presentes y de las soluciones para el futuro del Oriente Medio.

—Dr. Paul F. Crouch
Presidente de Trinity Broadcasting Network

Sangre en la arena es un libro bien documentado sobre la historia y el futuro con respecto a Israel y el Oriente Medio. El pastor Benny Hinn ha entrevistado a los altos funcionarios de Israel y es un erudito en el tema del Oriente Medio, además de tener dones proféticos en esta área. Recomiendo a todos los cristianos y a todos aquellos interesados en el futuro del mundo que lean este libro tan emocionante y revelador.

—DAVID YONGGI CHO
Presidente de Church Growth International

SANGRE
EN LA
ARENA

SANGRE
EN LA
ARENA

BENNY HINN

CASA
CREACIÓN
A STRANG COMPANY

La mayoría de los productos de Casa Creación están disponibles a un precio con descuento en cantidades de mayoreo para promociones de ventas, ofertas especiales, levantar fondos y atender necesidades educativas. Para más información, escriba a Casa Creación, 600 Rinehart Road, Lake Mary, Florida, 32746; o llame al teléfono (407) 333-7117 en Estados Unidos.

Sangre en la arena por Benny Hinn
Publicado por Casa Creación
Una compañía de Strang Communications
600 Rinehart Road
Lake Mary, Florida 32746
www.casacreacion.com

No se autoriza la reproducción de este libro ni de partes del mismo en forma alguna, ni tampoco que sea archivado en un sistema o transmitido de manera alguna ni por ningún medio —electrónico, mecánico, fotocopia, grabación u otro— sin permiso previo escrito de la casa editora, con excepción de lo previsto por las leyes de derechos de autor en los Estados Unidos de América.

A menos que se exprese lo contrario, todas las citas de la Escritura están tomadas de la Santa Biblia Reina Valera Revisión 1960 © Sociedades Bíblicas Unidas, 1960. Usada con permiso.

Copyright © 2009 por Casa Creación
Todos los derechos reservados

Originally published in English under the title:
Blood in the Sand © 2009 by Benny Hinn
Published by FrontLine, A Strang Company,
Lake Mary, Florida 32746
All rights reserved.

Traducido por Belmonte Traductores
Diseño interior por Jeanne Logue
Diseño de portada por Bill Johnson

Library of Congress Control Number: 2009932108
ISBN: 978-1-59979-563-8

Impreso en Estados Unidos de América
09 10 11 12 13 * 7 6 5 4 3 2

Dedico este libro a mi padre,
Constandi Hinn, y a mi madre,
Clemence Hinn, a quienes honraré,
respetaré y amaré siempre.

AGRADECIMIENTOS

Quiero dar las gracias a Neil Eskelin por su tremenda ayuda al escribir este libro, y a mi buen amigo Stephen Strang, quien junto a Barbara Dycus, Debbie Marrie y el equipo de Strang Communications hicieron posible la publicación de este libro.

ÍNDICE

PRÓLOGO

BENNY HINN LLEVA DE AMIGO DE ISRAEL EL MISMO
tiempo que tengo de conocerlo. Lo que es más importante, he descubierto que él es un amigo de personas de todas las culturas, trasfondos
y tradiciones. Es evidente que él ha dedicado su vida a compartir su
conocimiento con hombres, mujeres y niños por todo el mundo, y verdaderamente agradezco su profunda dedicación como líder religioso y
hombre de estado respetado internacionalmente.

A medida que he llegado a conocerlo mejor, me he dado cuenta de
lo mucho que él es un estudioso extraordinario de la historia, en especial de Tierra Santa. Aunque la familia Hinn se fue de Israel cuando
Benny era joven, es evidente por conversaciones con él, que su amor
por Israel ha crecido con el paso de los años, especialmente a medida
que su influencia y su estatus han seguido ampliándose por todo el
planeta. Aprender nuevas culturas bajo variadas condiciones siempre
ha sido importante para mí también, ya que mis propios padres salieron de Ucrania y Rusia para escapar a la persecución, encontrando
finalmente un santuario en China antes de llegar a Israel para cumplir
su sueño de edificar un estado judío con una firme esperanza de vivir
en la tierra de mis antepasados.

Durante mis años de servicio para mi país, llevando hasta el
momento en que me convertí en primer ministro de Israel, siempre fui muy consciente y agradecido de los líderes internacionales que estudiaban e intentaban comprender la profundidad y las
complejidades de nuestra nación, principalmente aquellos que buscaban llevar paz y entendimiento entre todos los pueblos de nuestra

región. Benny Hinn es uno de esos hombres, y sus escritos y su enseñanza a lo largo de los años reflejan el conocimiento, la sabiduría y el interés que están basados en un estudio histórico, filosófico y teológico de toda una vida.

Sangre en la arena refleja todo ese tiempo de diligente investigación y análisis. Este libro también revela su corazón y su deseo de que personas de todas las naciones vean la historia de nuestra región, y un deseo de expresar su pasión por aquello con lo que tratamos diariamente.

Recomiendo sinceramente este importante libro de la pluma de Benny Hinn, porque esta historia la relata con más eficacia un hombre cuyo corazón está lleno de obvio amor por el pasado, presente y futuro de Tierra Santa.

Este libro muestra de primera mano lo que el pueblo de esta región afronta cada día a medida que vivimos en las sombras históricas del pasado a la vez que en la luz deslumbradora de los titulares de la actualidad. Este es un libro que obviamente ha estado ardiendo en el interior de Benny Hinn por muchos años.

¡Camine ahora en los pasos de la historia mientras descubre Tierra Santa como nunca antes la ha visto ni experimentado!

—EHUD OLMERT
Primer ministro de Israel (2006—2009)
Viceprimer ministro de Israel (2003—2006)
Alcalde de Jerusalén (1993—2003)
Miembro del Knesset (1973—1992; 2003—2006)

¡TESTIGOS OCULARES DE LA HISTORIA!

R ECIENTEMENTE, VIAJÉ A ISRAEL PARA UN PERIODO DE ministerio, comunión, apoyo a la nación y la dedicación de nuestro nuevo Miracle Prayer Center (Centro de oración milagrosa), en Jerusalén.

Mientras estaba allí, me reuní con el Dr. Ely Karmon, que ha trabajado como consejero del ministro de defensa israelí y está considerado como uno de los principales expertos en terrorismo internacional y asuntos estratégicos del Oriente Medio. También me reuní con el General de división Uzi Dayán, que dirigió valientemente las tropas en la Guerra de los Seis Días, la guerra de Yom Kipur de 1973, y la Guerra del Líbano, y trabajó como consejero de seguridad nacional de los primeros ministros Ehud Barak y Ariel Sharon. El general Dayán es también sobrino del famoso ministro de defensa israelí Moshe Dayán. Mientras entrevistaba al Dr. Karmon y al General Dayán para el programa de televisión *This Is Your Day!* (¡Este es su día!), me sorprendió mucho oír información interna sobre los crecientes peligros para Israel y el Oriente Medio.

Incluso mientras yo presentaba las aleccionadoras entrevistas, personas de todo Israel y del mundo entero estaban leyendo el *Jerusalem Post* y otros artículos de la prensa que detallaban como el presidente de Irán, Mahmoud Ahmedineyad, hablando en una conferencia de las Naciones Unidas sobre el racismo el 20 de abril de 2009 en Génova, Suiza, justamente un día antes del día conmemorativo del Holocausto israelí, continuaba negando el hecho histórico del Holocausto e instaba a todas las naciones libres del mundo a "mostrar determinación y a desarraigar el sionismo"[1].

En esta diatriba antiisraelí, hizo un llamado a dar pasos para "impedir que fuerzas racistas como el régimen sionista se aprovechen de las instituciones políticas internacionales para obtener apoyo"[2] y dijo que "los gobiernos deben ser animados y apoyados en su lucha para destruir este racismo bárbaro... se deben hacer esfuerzos para poner fin al sionismo".[3]

Ante los efusivos aplausos, hizo un llamamiento al mundo para darles la tierra a los palestinos, dividir Jerusalén, ¡y destruir Israel! De hecho, prometió la destrucción de la nación de Israel.

Lo que más me impresionó fue el gran número de representantes de las naciones "civilizadas" del mundo que aplaudieron sus siniestras palabras.

Más tarde, en el salón del Hotel Rey David, me topé con un reportero de la FOX News que había asistido al discurso del presidente Ahmedineyad en Suiza y había sido testigo de la ovación tras esa diatriba. Él me dijo más cosas sobre ese discurso lleno de odio.

Como respuesta, y sin duda alguna como parte de la observancia de ese día conmemorativo del Holocausto, el 21de abril apareció un anuncio masivo en el *Jerusalem Post* implorando a la gente de todo el mundo que no repitiera los errores de la Segunda Guerra Mundial.

A las 10:00 de la mañana de ese mismo día, escuchamos el sonido de una sirena durante dos minutos y el país se paralizó para honrar a los judíos que fueron asesinados a manos de los nazis durante el Holocausto. Fue sobrecogedor, por decirlo de algún modo, ser parte del día conmemorativo del Holocausto en Israel.

Mientras la nación recordaba el Holocausto y lloraba por la tragedia inolvidable y sin precedente de la falta de humanidad de Adolf Hitler hacia la raza judía, las palabras de otro "Hitler" resonaban como el eco, ante una efusiva ovación, llamando abiertamente a la destrucción de Israel.

Todo esto es lo que había en nuestro corazón mientras estábamos en Jerusalén. Los judíos nos preguntaban: "¿Qué va a pasar con nosotros?". Junto a los que viajaban conmigo, me di cuenta de que estábamos siendo testigos oculares de la historia.

En la década de 1930, la gente de los países civilizados ignoraba lo que Hitler estaba diciendo. Él había escrito y publicado *Mein Kampf* (*Mi lucha*) en la década del veinte, en el que habló de la "amenaza judía" y detallaba su punto de vista antisemita y militarista, y afirmaba que uno no puede ser alemán y judío a la vez. El libro se tradujo al inglés en la década del treinta, y sus provocadoras palabras deberían haber alertado al mundo de los peligros que Hitler provocaría en Europa y del holocausto que perseguiría. Sin embargo, la gente civilizada y amante de la paz esperaba lo mejor.

Todos sabemos lo que ocurrió. El 1 de septiembre de 1939, la invasión nazi de Polonia significó el comienzo de la guerra más extendida de la historia, con más de 100 millones de militares involucrados e informes de al menos 73 millones de soldados y civiles muertos como resultado.

Ahora tenemos otro líder que dice: "Destruyamos Israel", y muchos de los líderes mundiales apaciguadores aplauden el discurso del presidente iraní.

Y en una época en el que podemos ver las noticias de forma instantánea según suceden en el otro lado del mundo, ocurriendo literalmente delante de nuestras cámaras, es naturalmente aterrador para nosotros. Al mismo tiempo, estos acontecimientos deberían ser emocionantes para las personas que entienden el significado profético.

Como leerá en este libro, los capítulos 38 y 39 de Ezequiel ofrecen una vista panorámica de lo que ocurrirá finalmente en el Oriente Medio. Irán (llamada Persia en Ezequiel 38:5) se menciona de forma prominente, al igual que Rusia (Gog, Magog, Mésec y Tubal en Ezequiel 38:2-3).

Hoy día, a medida que se desarrollan los eventos en dicha región, estamos viendo que Irán ya no intenta esconder su apoyo a los terroristas en sus incesantes ataques contra los ciudadanos israelíes. Con Hezbolá en el norte y Hamas en el sur —ambos apoyados directamente por el rico en petróleo Irán y a menudo apoyado por naciones de la zona que intenta deshacerse del área de Israel—, la nación ahora está al borde de un precipicio histórico cuando el presidente de Irán, ante el aplauso de algunos líderes mundiales, hace un llamamiento para dar tierra a los palestinos, dividir Jerusalén, y para destruir Israel. ¡Esta fiereza y determinación para destruir Israel es pasmosa!

¿Entiende la rapidez con la que estas escaramuzas se pueden convertir en un holocausto nuclear supremo, especialmente a medida que Irán avanza hacia el armamento nuclear? Las inmediaciones de Pakistán se están convirtiendo rápidamente en la zona más peligrosa de la tierra, ya que los terroristas talibanes quieren destronar ese gobierno y conseguir así el acceso a las cabezas nucleares.

Además del cuadro general, está el hecho de que gran parte del mundo recientemente ha sido sacudido por un caos financiero. Sabemos por Ezequiel que el mundo occidental no estará dispuesto o no podrá impedir que Rusia, Irán y otros aliados ataquen Israel. Los cambios políticos recientes y las catástrofes económicas sin lugar a duda han debilitado gran parte del mundo occidental, con lo que las piezas del rompecabezas siguen cayendo en su sitio. Estamos claramente al borde de una guerra en el Oriente Medio. Está ocurriendo ante nuestros propios ojos. En unas horas o días, el mundo podría estallar en un conflicto.

Durante el periodo en que se escribía este libro, Benjamín Netanyahu, el primer ministro de Israel, se reunió con el presidente de Estados Unidos, Barak Obama, por primera vez desde que ambos fueron elegidos en sus respectivas elecciones. Discutieron la crisis del Oriente Medio, pero quedó dividido entre dos asuntos críticos: una solución para los dos estados, el palestino y el israelí, y cómo Israel deberá enfrentar el régimen actual de Irán.

Pero la presión sobre Netanyahu es evidente. A unas semanas de haberse reunido con Obama, Netanyahu oficialmente se ofreció brindar su apoyo al estado de Palestina por primera vez. Pese a que los palestinos rechazaran rápidamente el ofrecimiento debido a las condiciones por parte de Netanyahu, el hecho de que el primer ministro israelí dijera que aceptaría un estado palestino, es algo profundo.

Estamos viviendo en una gran época de cambio en muchas áreas: política, financiera, y como descubrirá en las páginas de este libro, también una era de cambio espiritual. Este es un momento crítico para Israel, el Oriente Medio y el mundo entero. Es una hora seria y peligrosa; es más, creo que esta es la hora más peligrosa en la historia reciente. A la vez, puede ser también nuestro mejor momento si tenemos el coraje de hacer que así sea.

Lo que le ocurre al pueblo judío afecta al mundo entero, y lo creo porque Israel es el corazón de la profecía, la voz de la profecía. He pasado toda mi vida adulta estudiando la profecía, y creo que estos recientes desenlaces en Israel y por todo el Oriente Medio son señales de una era profética candente, acelerada y sin precedentes que pronto cambiará el curso de la historia.

SANGRE en la ARENA

El hecho de que usted esté leyendo este libro, significa que quiere conocer más sobre lo que está ocurriendo en el Oriente Medio y saber si hay esperanza alguna. Si es así, prepárese para el viaje de su vida. Con el paso de los años, he llevado a muchos amigos y colegas del ministerio en viajes a Tierra Santa, y ahora tengo el honor de ser su "guía" en este viaje por los acontecimientos del pasado, presente y futuro de la tierra que me vio nacer.

Capítulo 1

¡LA LUNÁTICA REALIDAD!

LENTAMENTE, EL VEHÍCULO MILITAR EN EL QUE ME encontraba, se dirigía hacia la frontera entre Israel y Gaza. Entonces, de repente, al llegar a la cima de la colina —sólo a unos cuantos cientos de metros de la zona de conflicto—, escuché un sonido que me produjo un escalofrío por la espalda. Era el sonido de un cohete Kassam que se aproximaba.

Era a principios de enero de 2009. Habíamos llevado a nuestro equipo de televisión a Israel para ofrecerles a los telespectadores de *This Is Your Day!* (¡Este es su día!) un reportaje de primera mano del conflicto de Gaza entre los militantes de Hamas e Israel. Para ser sincero, estaba decepcionado por la parcialidad mostrada en muchas de las noticias de la prensa internacional contra la posición israelí de defenderse contra un enemigo agresivo.

Tras años soportando misiles procedentes de Gaza, el gobierno de Jerusalén tomó la decisión de que era el momento de poner fin a esta locura. Por tanto, el 27 de diciembre de 2008, un caza F-16 israelí lanzó una serie de ataques aéreos contra objetivos en la Franja de Gaza, incluyendo bases militares, una mezquita donde se estaban almacenando morteros, y varios edificios gubernamentales de Hamas. La invasión terrestre comenzó el 3 de enero de 2009. Día a día, la operación aumentó. Aunque nos habían avisado de que acercarse a la frontera de Gaza era peligroso, yo quería ver la situación personalmente.

En aquella ladera con vistas a Gaza, entrevisté a un oficial del gobierno israelí. En el trasfondo podíamos ver la oleada de humo a causa de los ataques aéreos continuos. Había un fluyo constante de tanques israelíes siendo desplegados, y de fondo oíamos el zumbido constante de helicópteros.

El caballero explicaba: "A veces puedes estar aquí y ver los cohetes que lanza Hamas, y cada vez más de esos cohetes llegan desde áreas residenciales pobladas", queriendo decir que la represalia israelí sería difícil de realizar sin matar civiles.

Luego continuó: "Esta mañana cayó un cohete a unos diez metros de mi casa".

Mientras nuestras cámaras estaban rodando, oímos el inquietante sonido de un Kassam, y luego vimos el humo. "¡Dios mío!—exclamé—. Ocurrió mientras estábamos hablando".

El hombre replicó rápidamente: "¡Bienvenidos a la lunática realidad!".

LA TENSIÓN DEL TERROR

En la ciudad judía de Sderot, que está situada justamente a una milla de la frontera de Gaza, durante los últimos ocho años militantes de Hamas han lanzado miles de cohetes y obuses de morteros en una ciudad de veintitrés mil personas.

Hoy día, un millón de israelíes viven al alcance de cohetes lanzados por organizaciones terroristas desde Gaza.

Le pregunté al oficial: "¿Cómo puede alguien vivir en medio de tanta tensión y peligro?".

Me dijo: "Nosotros seguimos yendo al mercado, enviando a nuestros hijos a la escuela y trabajando en nuestros trabajos. Somos civiles, no soldados, y con esto estamos haciendo una declaración personal".

Para mí fue increíble ver a hombres, mujeres y niños funcionando casi con toda normalidad en medio de terroristas suicidas, ataques terroristas, misiles e intimidación.

> **Para ayudar a la gente a sobrevivir, las comunidades cercanas hacen sonar alarmas cada vez que un cohete avanza en dirección a ellos. Eso les da a los residentes quince segundos para correr y encontrar un refugio.**

El oficial continuó: "Nosotros sólo queremos darles a nuestros hijos una vida normal. Tan sólo queremos la paz, nada más".

Bajo unas condiciones tales, es difícil no vivir en un estado de ansiedad o mirar por encima del hombro en constante alerta. Para ayudar a la gente a sobrevivir, las comunidades cercanas hacen sonar alarmas cada vez que un cohete avanza en dirección a ellos. Eso les da a los residentes quince segundos para correr y encontrar un refugio.

ARMAS LETALES

Los niños están especialmente aterrados. En Sderot, me llevaron a un gran área de juegos cubierta y especialmente fortificada que estaban construyendo (abrió en marzo de 2009). Está diseñada para albergar a quinientos niños y otros familiares.

El remodelado almacén está equipado con varios refugios anti-bombas, paredes antiimpacto y un sistema de aviso de emergencias. Tiene un mini campo de fútbol, una pared para escalar y video juegos. El objetivo es dar a los niños un sentimiento de seguridad.

Tras ver este proyecto, comencé a pensar: "¿Qué otro lugar en la tierra tiene que construir un refugio donde los niños puedan ser niños y jugar libremente?".

En el resto del mundo, veo niños disfrutando de un partido de fútbol en un campo o caminando por la calle con sus amigos o vecinos sin la amenaza de cohetes que caen sobre ellos. ¿Por qué tienen que criarse estos niños en un entorno lleno de temor?

En una comisaría de policía local, me enseñaron partes de los cohetes que habían caído recientemente. Cada uno estaba marcado con la fecha de la destrucción, incluyendo uno que había explotado ese mismo día.

Como me explicaron los oficiales: "Kassam (también conocido como Qassam) es una marca de cohetes fabricados de manera doméstica por Hamas en la Franja de Gaza. Además, tienen más cohetes letales fabricados o bien en China, Corea del norte, Irán o Siria, y los pasan a Gaza de contrabando desde Egipto a través de túneles subterráneos".

El poder y el alcance de estas armas destructivas aumentan año tras año. Es aterrador pensar lo que deparará el futuro.

UNA IMPRESIÓN DURADERA

Los acontecimientos desplegados ante mí me trajeron recuerdos del lugar donde nací —Jaffa, Israel— a unas cuarenta millas al norte de donde me encontraba ahora. La mayor parte de mi infancia la pasé en una paz relativa, pero aún puedo ver a mi padre, Constandi, de pie sobre una silla, cubriendo la ventana de nuestro hogar con papel negro por temor a un ataque aéreo.

Eso fue durante la guerra árabe-israelí de 1956, y yo tenía sólo cuatro años de edad en ese entonces, pero me causó una impresión duradera.

La guerra se desató cuando Egipto nacionalizó el canal de Suez.

Esto llevó a un asalto de tierra y aire combinados por Israel en la península del Sinaí, expulsando a las fuerzas árabes.

Ahora, más de cincuenta años después, se me pasaba por la mente el hecho de que esta hermosa y bendecida tierra que ha aportado tanto al mundo —incluyendo la Biblia— continúa sufriendo.

UN CHOQUE DE CIVILIZACIONES

En ese mismo viaje, me reuní con el antiguo embajador israelí de los Estados Unidos, Danny Ayalon, uno de los hombres más respetados en Israel. Nos reunimos por primera vez en el Knéset en Jerusalén. Me cayó bien inmediatamente, y tuvimos una reunión preciosa. Cuando le pregunté sobre las actuales tensiones en el Oriente Medio, Ayalon me explicó: "Lo que tenemos no es tan sólo un conflicto entre israelíes y palestinos, sino algo mucho más profundo. Desgraciadamente, este es un choque de civilizaciones. Usted encuentra creencias judeocristianas en un lado e islamismo radical en el otro".

Ayalon compartió su creencia en que Hamas no representa los intereses palestinos, sino que representa a los ideólogos extremos de Irán, y tanto Hamas como Hezbolá son sus zarpas.

Discutimos el hecho de que, de los veinticuatro países del Oriente Medio, veintidós son musulmanes y sólo dos no lo son: Israel, que es judío, y el Líbano, que tiene una historia de ser una nación cristiana.

Luego, Ayalon añadió: "Los extremistas están decididos a arruinar a estos dos países. Están a punto de conseguirlo en el Líbano, donde Hezbolá está tomando el control, y están intentando destruirnos aquí [Israel]".

El embajador anterior se mostró firme en que los israelíes harían cualquier cosa a su alcance para impedir que eso ocurriera, porque están luchando no sólo para preservar su estado en la actualidad, sino también para preservarlo para las generaciones y la herencia de todos los judeocristianos.

EL MUNDO LIBRE EN RIESGO

Hablamos sobre el conflicto entre Israel y Hezbolá en 2006 en el Líbano y la percepción en el mundo árabe de que sus fuerzas habían salido victoriosas.

> *Cada oficial con el que hablé en Israel, estaba unido en su posición de no querer derramamiento de sangre, sino la paz; pero debe producirse con justicia, y si la seguridad de Israel está en peligro, el mundo libre entero estará en riesgo.*

Ayalon dijo: "No podemos permitir que eso vuelva a ocurrir. Vivimos en un entorno muy salvaje, parecido a una jungla; y en una jungla, si alguien tiene una apariencia débil, todos los demás le atacan. Y esto es lo que está ocurriendo aquí. Así que debemos asegurarnos de que seguimos siendo fuertes".

Cada oficial con el que hablé en Israel estaba unido en su posición de no querer derramamiento de sangre, sino la paz; pero debe producirse con justicia, y si la seguridad de Israel está en peligro, el mundo libre entero estará en riesgo.

Ayalon fue muy directo: "Lo único que debe hacer la gente es ir a las páginas web de al Qaeda, Hamas o Hezbolá y conocer a alguien que sepa árabe y que lea lo que dicen, no lo que se escribe en inglés. Todas ellas hablan sobre el regreso del islam como la religión dominante, y cómo primero deben asegurarse de que todo el Oriente Medio sea islámico. Eso significa Israel y el Líbano. Después pondrán su objetivo en tomar Europa, incluyendo España. Después, hablan de conquistar 'el gran diablo', refiriéndose a los Estados Unidos".

¿EL COMIENZO DEL FIN?

Como ministro cristiano, me han preguntado: "¿Es este el comienzo del fin? ¿Es este el cumplimiento de Ezequiel 38 y 39? ¿Y cómo encajan en el cuadro Irak, Irán, Afganistán, Pakistán y Rusia?".

Antes de contestar a estas preguntas, creo que es vital tener un entendimiento de la raíz del problema. ¿Cómo llegamos a esta encrucijada? ¿Y qué ocurrirá después?

Capítulo 2

UNA TIERRA DESGARRADA POR LOS CONFLICTOS

D URANTE VARIOS AÑOS, LA GENTE HA PREGUNTADO: "¿POR qué no escribe usted un libro para hablar de lo que hay en su corazón en relación con los sucesos en Oriente Medio?". Un ministro añadió: "A fin de cuentas, eres el único líder de un importante ministerio cristiano que ha nacido en la región. Seguro que entiendes la problemática mucho mejor que nosotros".

Su elogio me hizo sentirme humilde, y comencé a preguntar a muchos individuos: "Si yo tratara el conflicto palestino-israelí y lo que está ocurriendo en Irak, Irán y otras naciones de la región, ¿qué le gustaría saber?".

La pregunta número uno fue: "¿Cómo nos metimos en este lío?". Sentí un deseo sincero de conocer las raíces del conflicto, desde los tiempos bíblicos hasta el presente.

Al haber crecido entre árabes, cristianos y judíos, tengo una perspectiva peculiar.

SEMILLAS DEL CIELO

Aprecio el hecho de haber nacido en una de las ciudades más históricas de la tierra: Jaffa, Israel. Cuando la gente se entera de mi lugar de nacimiento, siente curiosidad: "¿Es usted árabe? ¿Es palestino? ¿Es judío?".

La respuesta es: "Ninguna de las anteriores".

Soy armenio por parte de mi madre y griego y libanés por parte de mi padre. Fui criado como cristiano en la iglesia ortodoxa griega y bautizado por el patriarca de Jerusalén, Benedicto. De hecho, durante la ceremonia, me dio su nombre.

Al nacer en Tierra Santa (uno de ocho hijos), crecí en una atmósfera donde la religión proyecta una gran sombra inescapable. A los dos años de edad, entré en una guardería católica y fui formado por monjas —y luego por monjes— durante catorce años.

Las hermanas católicas tuvieron una gran influencia espiritual sobre mí. En la escuela, me enseñaron las Escrituras a una edad muy temprana. Fue allí donde aprendí por primera vez acerca de Abraham, Isaac, Jacob y los milagros de Cristo.

> *Al nacer en Tierra Santa (uno de ocho hijos), crecí en una atmósfera donde la religión proyecta una gran sombra inescapable.*

Una educación en una escuela privada católica estaba considerada como lo mejor posible; sin embargo, el domingo también me sentía cómodo involucrándome en los rituales de la iglesia ortodoxa griega.

Sin lugar a duda, las semillas del cielo estaban siendo sembradas en mi vida.

15

Una vez, cuando tenía unos siete años, un señor de Nazaret tocó a la puerta de nuestra casa. Era un cristiano evangélico nacido de nuevo, algo que yo no conocía en aquel entonces. Me dio un regalo muy especial: un librito que contenía una porción de la Biblia. Estaba ilustrado con dibujos a color.

Unas dos semanas después regresó con un segundo librito. Yo tenía una gran sonrisa en mi rostro mientras le recibía y le dije: "Gracias, señor".

De alguna manera, me sentía atraído a esos libritos, y estaba emocionado cada vez que el señor llegaba a nuestra puerta. Creo que él sabía que yo estaba respondiendo a las Escrituras, mientras otros en el vecindario mostraban muy poco interés.

Ansioso por recibir la serie completa de libritos, le pregunté atrevidamente: "¿Me va a traer toda la Biblia?". En su siguiente visita eso fue exactamente lo que aquel hombre de Nazaret me dio.

De los eventos de la vida de Jesús que había aprendido en la escuela, corté los dibujos de los diferentes libritos y puse la vida de Cristo en orden, haciendo mi propio volumen especial. Para mí, eso era un tesoro. Guardé el libro en mi cuarto por años y recontaba la historia de Cristo una y otra vez.

CAMBIOS INCREÍBLES

Mi padre, que se fue a morar con el Señor en 1982 a la edad de cincuenta y ocho años, medía un poco más de dos metros de altura y pesaba unos ciento treinta kilos. Era un hombre bien parecido y un líder natural. Era fuerte en todos los sentidos: físicamente, mentalmente y de voluntad.

Tenía una posición única en Jaffa, como enlace del gobierno israelí en la comunidad. Como resultado, siempre había un reguero continuo de personas que llegaban a nuestra casa para discutir varios asuntos personales y de trabajo.

Más adelante, hablaremos de la histórica Guerra de los Seis Días de 1967, pero fue durante ese tiempo de conflicto cuando mis padres tomaron la decisión de emigrar de Israel a Toronto, Canadá. Yo tenía quince años en ese entonces.

Los primeros años en Norteamérica trajeron unos cambios increíbles a mi joven vida. Tuve un encuentro increíble con Cristo que transformó no sólo mi corazón, sino también todo mi futuro. Si ha leído *Bienvenido, Espíritu Santo* o *Él me tocó* —mi autobiografía—, entenderá cómo Dios abrió puertas milagrosamente que me llevaron al ministerio con el que somos bendecidos hoy día.

Sin embargo, aunque me mudé a miles de millas de distancia, mi corazón siempre ha permanecido conectado a la tierra de mi nacimiento, y por eso siento que es importante presentar los hechos que está usted a punto de leer. Quiero llevarle en un viaje en el tiempo desde Abraham, Isaac e Ismael hasta la crítica situación que afrontamos como ciudadanos de este mundo, ya sea que viva usted en los Estados Unidos, los Emiratos Árabes Unidos o en cualquier otro punto intermedio.

También compartiré mi corazón con respecto a lo que creo que se atisba en el horizonte.

UNA TRAGEDIA GENERALIZADA

Analicemos los hechos. Desde hace varios años, los medios de comunicación nos han dado un asiento en primera fila en el derramamiento de sangre en Irak y Afganistán. Desde la invasión a la insurgencia y disturbios civiles, las escenas de matanzas, decapitaciones y bombardeos suicidas han dominado las noticias de la televisión y las portadas de nuestros periódicos. Tristemente, como algunos en la prensa se han atrevido a decir: "¡Si hay sangre, se vende!". Estos titulares recientes ilustran lo que quiero decir:

- "Docenas de muertos en un ataque a una mezquita en Bagdad"
- "Aumenta la violencia sectaria suní-chií"
- "Cincuenta y seis muertos y cientos de heridos en un bombardeo en Karbala"
- "Una explosión causa estragos en Kabul"

Las situaciones en Irak y Afganistán ciertamente merecen nuestra atención; sin embargo, durante ese mismo periodo han estado ocurriendo docenas de enfrentamientos regionales, tribales y religiosos que han devastado las vidas de literalmente millones de personas y han callado las risas de los niños.

ENFRENTAMIENTO Y CALAMIDAD

Lo que vi en la frontera de Israel y Gaza fue tan sólo la última erupción de un conflicto cociéndose a fuego lento que ha existido desde hace demasiado tiempo. Desde que se estableció el Estado de Israel en 1948, muchos miles han sido asesinados. Suicidas palestinos han causado matanzas en restaurantes, estaciones de autobús y centros comerciales de Israel.

Las fuerzas de defensa israelíes (FDI) han respondido con más que amenazas. Han desatado ataques aéreos devastadores e invasiones terrestres bien planeadas. La sangre ha fluido en ambas partes de las líneas de demarcación.

Mientras este conflicto obtiene la atención de los medios de comunicación, hay enfrentamiento y calamidad que está ocurriendo en todo el Oriente Medio.

¿POR QUÉ ESTA MATANZA?

La tragedia en la región de Darfur en Sudán es un buen ejemplo de nuestra falta de conocimiento. Las Naciones Unidas (NU) estiman que han muerto más de 200,000 por la llamada "limpieza étnica" que ha estado haciendo estragos en la tierra. Algunos sitúan la cifra en 400,000.[1] Se cree que más de 2 millones y medio han sido desplazados[2].

Sin embargo, ¡muy poca gente con la que hablo tiene la menor idea de *por qué*! Simplemente saben que es una situación trágica. Los misioneros de la región han llorado al compartir conmigo la matanza que ha causado este conflicto.

En uno de los lados, está el ejército respaldado por el gobierno sudanés y los yanyauid, un grupo militar del noreste de Sudán que se opone a cualquier religión distinta al islam. Ellos representan a las tribus nómadas árabes del norte.

En el otro lado, existe una variedad de grupos de oposición, incluyendo el Movimiento de Liberación de Sudán y el Movimiento de Justicia e Igualdad del Sudán occidental. Estos labradores no árabes no sienten que tienen la igualdad política en Sudán o un reparto equitativo de los recursos de la tierra, independientemente de lo escasos que puedan ser.

La situación se intensificó cuando una gran sequía forzó a las tribus nómadas a desplazar sus camellos y rebaños al sur y al oeste de Sudán en busca de nuevas áreas de pastoreo. De repente, su presencia irrumpió en un conflicto árabe contra africano negro, tanto étnico como religioso.

Un equipo de documentación de las atrocidades de Darfur, constituido a petición del Departamento de estado de los Estados Unidos, recientemente llevó a cabo muchas entrevistas y encontró un patrón impactante de abuso contra las comunidades no árabes de Darfur, incluyendo asesinatos, violaciones, palizas, humillación étnica y destrucción de las propiedades y las necesidades básicas.

Muchos de los reporteros detallaron cómo los militares y los yanyauid usaron bombardeos aéreos y tropas terrestres en sus brutales ataques. La gente hablaba de presenciar asesinatos indescriptibles de familiares.

Una y otra vez, los entrevistados relataban historias similares. Contaban el grito que oían de los invasores: "¡Matad a los esclavos! ¡Matad a los esclavos!", y "Tenemos órdenes de matar a todos los negros". Un refugiado informó del grito de un miembro de la milicia: "Nosotros matamos a todos los negros e incluso matamos a nuestro ganado cuando tienen becerros negros".

Muchos relatos de refugiados narran grandes ejecuciones y fosas masivas[3].

Según escribo esto, a pesar de los mejores esfuerzos de las organizaciones mundiales, la matanza de Darfur continúa.

UN TORRENTE DE TRAGEDIAS

Cuando pienso en el Oriente Medio, mis recuerdos corren con rapidez con lo que recuerdo de niño: los amigos cercanos, independientemente de su trasfondo étnico o religioso; disfrutar de picnics con nuestra familia en las costas del azul Mediterráneo.

Los sábados eran especiales. Tan seguro como que el sol saldría, mamá estaba en la cocina haciendo sándwiches y limonada para que los lleváramos a la playa. Aunque el mar quedaba a tiro de piedra de nuestra casa, nos encantaba la playa de Bat Yam, un paseo de cuarenta y cinco minutos al sur de Jaffa. Papá siempre venía con nosotros, y normalmente había unos cuantos primos que se unían. Si hacía viento, volábamos cometas en la playa, corriendo todo lo rápido que nos permitían nuestras piernas.

Aún tengo el antojo del sabor del hummus bi tahini, makhlouta, baba ganoush, bolas de trigo kibbee y sfiha. No me pregunte los ingredientes; lo único que puedo decirle es que estos platos están absolutamente deliciosos.

Sin embargo, a día de hoy, me veo forzado a ver el Oriente Medio como si estuviera mirando en un espejo que se ha roto en pedazos. Permítame darle un breve paseo por la región. No me agrada informarle de estos eventos, pero siento que son necesarios para darle un mejor entendimiento de los graves retos que afrontamos.

Argelia

No escuchamos muchos sobre este fascinante y diverso país, situado en la costa de África del Norte; sin embargo, el conflicto entre el gobierno y varias facciones rebeldes islámicas se calcula que ha costado unas doscientas mil vidas en los últimos años. En el proceso, han sido asesinados setenta periodistas.[4]

El Grupo Islámico Armado (Armed Islamic Group) ha sido acusado de matar a cientos de vecinos de una vez, sin importar la edad o el sexo de las víctimas. Los informes de las masacres de Rais y Bentalha son demasiado gráficos e inquietantes como para describirlos.

Incluso después de un referéndum nacional concediendo la amnistía a los autores a cambio de estabilidad nacional, aún existe un estado de emergencia. Por ejemplo, en septiembre de 2007, un coche bomba explotó en una casa cuartel de oficiales costeros en Argel, matando a veintiocho personas. La misma semana, mientras una multitud esperaba para ver al presidente argelino, Abdelaziz Bouteflika, otro coche bomba fue detonado, marcando el final de veintidós vidas.[5]

Egipto

Oh, cómo me gusta caminar por las animadas calles de El Cairo, en las riberas del Nilo. Es la capital de una nación con más de cinco mil años de historia registrada.

He tenido la fortuna de viajar allí muchas veces, pero nunca olvidaré mi primera visita. Me encontré con una mujer cristiana de una congregación que había estado orando fervientemente por nuestro ministerio y pidiéndole al Señor que me enviara a su país, y ella me profetizó. Específicamente dijo: "El día vendrá cuando usted ministrará a muchos egipcios".

Sorprendentemente, esa profecía se ha cumplido. Paul Crouch, de Trinity Broadcasting Network (TBN), y yo hemos lanzado conjuntamente el Canal de Sanidad (The Healing Channel), que alcanza al mundo árabe, incluyendo Egipto.

Cada día, recibimos maravillosos mensajes de correo electrónico y cartas de personas de las naciones de habla árabe. Cientos de miles han sido guiados a Cristo como resultado de ello.

De hecho, alrededor del 12 por ciento de los 75 millones de ciudadanos de Egipto ahora son cristianos (la mayoría de la Iglesia ortodoxa copta), y el resto son casi totalmente musulmanes sunís.

> *Cada día, recibimos maravillosos mensajes de correo electrónico y cartas de personas de las naciones de habla árabe. Cientos de miles han sido guiados a Cristo.*

Sin embargo, me entristece que en días recientes haya habido un conflicto sectario en aumento entre musulmanes y cristianos. Además, los terroristas han intentado desestabilizar el país con ataques bomba. El 7 de octubre de 2004, un camión irrumpió en la recepción del Hotel Hilton en Taba, en la península del Sinaí. La explosión mató a 31, hirió a 159 y derrumbó diez pisos del hotel.[6]

Al año siguiente, ataques contra Sharm El Sheikh, el popular lugar turístico del Mar Rojo, se cobraron de manera abrupta ochenta y ocho vidas. Un grupo militante islámico con conexiones con al Qaeda se responsabilizó del atentado.[7] Luego, en 2006, hubo incluso más derramamiento de sangre, esta vez en Dahab, en el golfo de la costa de Aqaba. Y la violencia continúa. El 22 de febrero de 2009, el distrito de Khan Al-Khalili de Egipto, un destino turístico muy popular, fue bombardeado. Mientras se imprime este libro, las autoridades aún siguen intentando saber quién se encuentra detrás del ataque.[8]

Irán

Este lugar de nacimiento de la civilización persa fue en su tiempo uno de los destinos turísticos favoritos del mundo. Todo cambió dramáticamente en 1979 cuando, debido a las enormes presiones de los fundamentalistas religiosos, el Shah de Irán huyó del país y fue sustituido por el Ayatolá Jomeini.

Hoy, acusaciones de terrorismo apoyado por el estado, entre otros actos hostiles, han hecho que muchos teman las intenciones de esta orgullosa nación. Por ejemplo, el partido Hezbolá con base en el Líbano (que significa "partido de Dios" en árabe) recibe su principal apoyo económico de Irán.[9]

El Departamento de estado de los Estados Unidos ha presentado evidencia de que el Cuerpo de la Guardia Revolucionaria Iraní (CGRI) ha jugado un papel activo en socavar Irak canalizando armas y repostando a los insurgentes. Miles han sido asesinados por los IED (artefacto explosivo improvisado) y los más sofisticados EFP (penetrador formado explosivamente), ambos fabricados en Irán.[10]

Además, está el temor a las armas nucleares en manos de una nación que ha llamado públicamente a la destrucción de Israel. En 2006, las Naciones Unidas adoptaron la Resolución 1727, imponiendo sanciones a Irán por no interrumpir su programa de enriquecimiento de uranio. Irán no sólo ha ignorado el escándalo mundial por sus ambiciones nucleares, sino que también lo ha avanzado descaradamente. A comienzos de 2009, la Agencia Internacional de Energía Atómica reportó que la nación tenía las suficientes centrifugadoras, plutonio nuclear de reactor grado y uranio para armas nucleares necesarios para una cabeza atómica.

23

Cuando usted combina esto con el hecho de que Irán ha probado con éxito sus misiles altamente precisos Shahab-3 con un alcance de más de mil doscientas millas, se puede imaginar las consecuencias. ¡Israel está tan sólo a novecientas millas de distancia! Sin embargo, en esta nación se está produciendo un despertar espiritual.

Hace varios años, alocadamente hice esta declaración: "La iglesia en Irán es casi inexistente". Esto hizo que un ministro cristiano iraní viajara hasta una de nuestras cruzadas en Melbourne, Australia, y me dijera: "He oído lo que usted dijo con respecto a la iglesia en Irán, y estoy aquí para decirle que está equivocado. Soy el pastor de una congregación de tres mil cristianos allí, y Dios se está moviendo en nuestro país".

La iglesia en Irán también ha hecho numerosos reportajes en la revista *Charisma*, con muchas historias alentadoras de sueños, visiones y otras señales visibles y audibles de la presencia de Dios abriendo los ojos de la gente a la verdad de Cristo.

Líbano

Recientemente, un hombre libanés vino a verme y me habló del temor bajo el que vivían. Durante la guerra de 2006, el edificio donde él y su esposa vivían fue bombardeado. No tenían agua corriente, ni electricidad, y no tenían comida durante días por todas las bombas procedentes de Israel, que no tenía otra opción que responder a Hezbolá. Él rogaba: "Ore por nosotros. Vivimos con el temor de que moriremos en el fuego cruzado según aumentan las tensiones o de que Hezbolá conquiste totalmente nuestro país y nos torture o nos mate".

Esta hermosa y, una vez, pacífica tierra que proveyó la madera de cedro para la construcción del templo de Salomón ahora se ha convertido en un refugio de terroristas; no sólo de Hezbolá, sino de Hamas, la Jihad islámica palestina y otros grupos.

La crisis se ha estado fraguando por mucho tiempo, pero la mecha realmente se encendió con el asesinato de uno de los líderes más respetados del Líbano. Una explosión, el 14 de febrero de 2005, mató a Rafik Al-Hariri, el antiguo primer ministro al que se le atribuye el volver a levantar la nación tras los horribles quince años de guerra civil, cuando su desfile de automóviles pasaba por el Hotel Saint George en Beirut. Otras veintiuna personas murieron en la explosión.[11] Los dedos señalan a Siria, pero la investigación todavía está abierta.

Luego llegó el incidente en que Hezbolá secuestró a dos soldados israelíes en una estación fronteriza, lo cual desató una respuesta militar masiva de Israel en julio de 2006.

¡La batalla seguía adelante! Hezbolá lanzó cohetes hacia posiciones militares israelíes cerca de Zarit y Shlomi.

Hezbolá llamó a los ataques "Operación promesa verdadera" después que el líder Hassan Nasrallah hubiera hecho públicas las promesas de capturar a soldados israelíes y cambiarlos por cuatro prisioneros libaneses que retenía Israel. Declaró que como había fallado la diplomacia, esa era su única opción.[12] El conflicto planteó muchas preguntas. ¿Quién estaba dirigiendo Líbano? ¿El gobierno, o Hezbolá con el respaldo de Siria e Irán?

Sólo en un día, más de doscientos treinta y siete misiles se lanzaron contra Israel, llegando a alcanzar Haifa.

Durante los treinta y tres días de conflicto, Israel voló más de doce mil misiones de combate, y la guerra se cobró las vidas de más de mil individuos. Desplazó a cientos de miles en ambos lados de la frontera. En el periodo de posguerra, las Naciones Unidas hicieron un llamamiento a que Hezbolá dejara las armas; a día de hoy esto no ha ocurrido aún.

Incluso mientras el conflicto de Israel y Gaza de 2009 era atroz, se estaban lanzando cohetes Katyusha desde los militantes de Líbano a la parte norte de Israel, cayendo cerca de la ciudad de Naharia. Las cartas que recibimos (de musulmanes y cristianos libaneses) levantan mi espíritu y me informan de que hay gente que ora cada día para que la paz y la armonía vuelvan al Líbano.

Pakistán

El mundo quedó impactado cuando, el 17 de diciembre de 2007, la antigua primera ministra de Pakistán, Benazir Bhutto, y más de veinte de sus partidarios eran asesinados mientras realizaban la campaña para las elecciones próximas.

Los bombardeos en Pakistán han alcanzado unos niveles sin precedente. Las regiones tribales rebeldes cerca de la frontera de Afganistán son el hogar de los talibanes y al Qaeda, que han pasado a ser uno básicamente. Ellos localizan como objetivo a partidos políticos, mítines, instalaciones militares y a todo aquel a quien perciban como una amenaza. Su objetivo es desestabilizar la nación y tomar el control.

Tan reciente como en enero de 2009, tres mil militantes talibanes invadieron doce mil fuerzas del gobierno pakistaní y tomaron el control total del valle de Swat, quemando un colegio de chicas y asesinando a todo el que no estuviera de acuerdo con ellos. Inmediatamente, establecieron la ley islámica.[13]

Lo que es inquietante en este desarrollo es que el valle de Swat no está en las regiones tribales de la frontera entre Pakistán y Afganistán, sino que es una hermosa área turística con un millón de personas a tan sólo cien millas al norte de Islamabad, la capital de la nación.

Sólo de pensarlo me horroriza lo que el reinado talibán significaría en Pakistán, que ya posee armas nucleares.

Arabia Saudí

Esta nación rica en petróleo no es sólo la cuna del islam, sino que también ha sido llamada el "eje del terror mundial".[14] Mientras que los lazos económicos entre occidente y Riad son fuertes, es un hecho que quince de los terroristas que estrellaron los aviones contra las torres del World Trade Center y el Pentágono el 11 de septiembre de 2001, eran de Arabia Saudí.[15] Es también el lugar donde nació y se crió Osama bin Laden.

En esta monarquía, gobernada por la familia real saudí, ha habido importantes disturbios internos de fundamentalistas islámicos que quieren tomar el control de la nación.

Siria

Pocas personas saben que hay más de un millón de cristianos viviendo en Siria, que bordea varias naciones, incluyendo Irak, Israel y Jordania. De hecho, el islam no es la religión del estado y hay una libertad religiosa notable.

Sin embargo, debido a las actividades políticas, el mundo occidental ve a Siria como una encrucijada para la exportación del terrorismo. En realidad, la nación tiene sus propios problemas internos. Tanto los separatistas kurdos como los nacionalistas libaneses ven a Siria como un poder ocupacional extranjero.

El partido Baaz gobierna el país, con la figura controvertida de Bashar al-Assad como presidente.

El 6 de septiembre de 2007, Israel llevó a cabo un ataque aéreo sobre un blanco en Siria que creían ser un reactor nuclear en construcción por técnicos de Corea del Norte.[16]

ATRAPADOS EN EL TIROTEO

En Ammán, Jordania, justamente antes de su muerte, tuve el honor de reunirme en privado con su majestad el rey Hussein de Jordania.

El ministro de turismo para el gobierno jordano, que sabía que habíamos llevado a miles de personas a Israel y quería que incluyéramos a su país en nuestros planes de futuro, concertó la cita. Supe que había obtenido un video de uno de nuestros eventos y que se lo había enseñado al príncipe Abdulá, el hijo del rey, quien animó a su padre a reunirse conmigo.

Cuando me adentraron en el palacio, el rey Hussein estaba esperando, de pie en medio de la sala de recibimiento. Nos abrazamos y, al estilo del Oriente Medio, nos besamos en las mejillas. Desde el comienzo, la química entre nosotros fue extraordinariamente cordial. Cuando nos sentamos para hablar, le expresé lo mucho que me impactó el que le hubiera dado uno de sus palacios a un grupo de huérfanos. Pareció sorprendido de que yo supiera todos los detalles, y después arregló el que yo pudiera visitar el orfanato.

Nuestra conversación se centró en el proceso y el futuro de paz en el Oriente Medio, porque el rey había pasado toda una vida atrapado en el tiroteo del conflicto. Él estaba presente cuando su abuelo, el rey Abdulá I, fue asesinado en 1951. Personalmente, el rey Hussein fue menospreciado por muchos de sus vecinos árabes por su papel en las negociaciones de 1994 para poner fin al estado oficial de guerra entre Israel y Jordania.

Hablamos sobre llevar a un grupo de líderes evangélicos a Jordania, y él me comisionó para organizar esa reunión. Pero tristemente, antes de que se pudiera llevar a cabo, él falleció.

Tanto el rey como su primer hijo, Abdulá II, que ahora ha sucedido a su padre en el trono, saludó amablemente a nuestra audiencia televisiva y abrió las puertas para una larga amistad.

"SU ALTEZA"

Nunca olvidaré la primera vez que conocí a Abdulá, que era príncipe en ese entonces. Fue en el mismo recinto donde vivía su padre. A medida que nuestro auto entraba por las puertas del palacio, un hombre vestido en vaqueros y botas vino para abrirme la puerta del auto, y yo estaba emocionado de que me fuera a escoltar hasta el interior para ver al príncipe.

En ese momento, un hombre se acercó y le dijo: "Su Alteza". Me sentí avergonzado y rápidamente me disculpé: "Le pido disculpas. No me di cuenta de quién era usted".

¡Pensé que Abdulá era uno de los ayudantes!

Este futuro rey que tenía los pies en la tierra me invitó afectuosamente a su hogar, y fue el comienzo de una maravillosa amistad con él y con su esposa, Rania, que continúa hasta este día. Hemos comido juntos en Washington, D.C. y en Jordania, y tras convertirse en rey, albergó a un grupo de líderes evangélicos que originalmente habíamos programado reunirnos con su padre.

TERROR EN AMMÁN

El rey Abdulá II es un hombre de paz; sin embargo, eso no exime a su nación del terror. El 8 de noviembre de 2005 hubo unos bombardeos simultáneos en tres grandes hoteles de Ammán: el Grand Hyatt, el Radisson y el Days Inn. La bomba en el Radisson explotó en el salón Filadelfia, donde se estaba llevando a cabo la celebración de una recepción de boda con aproximadamente trescientos invitados jordanos y palestinos. Los dos terroristas suicidas eran un equipo de marido y mujer.

Cuando la mujer no pudo detonar su cinturón de explosivos, su marido, Ali al-Shamari, le dijo que saliera corriendo de la habitación. Justamente cuando ella estaba saliendo, él saltó a una mesa del salón y se detonó. Cincuenta y siete personas murieron a consecuencia de la explosión, incluyendo los padres del novio y de la novia.[17]

¿Quiénes eran los suicidas? La investigación determinó que eran iraquíes que se habían infiltrado en el país como operativos de al Qaeda.[18]

La gente de esta hermosa nación no merece tal atrocidad.

¿HAY ESPERANZA?

Estos acontecimientos son tan sólo una pequeña muestra del panorama en esta región desgarrada que muchos sienten que está destinada a un futuro de tragedia y violencia interminables. Sin embargo, como verá según nos vayamos enfocando en el conflicto palestino-israelí, yo creo que hay razón para tener esperanza.

Cada día, recibimos cartas de hombres, mujeres, jóvenes y niños del Oriente Medio que ven nuestro programa de televisión. Están clamando por la paz y orando para que llegue pronto.

Mencioné cómo el difunto rey Hussein y su hijo, ahora el rey Abdulá II, me recibieron afectuosamente en Jordania. Eso condujo a una invitación oficial para que ministráramos allí. "Lo hemos preparado todo para que use el Palacio de la cultura", me informó un oficial del gobierno. El edificio de cuatro mil asientos es el mayor auditorio de Ammán, un lugar de reunión impresionante reservado para eventos especiales y huéspedes invitados. Ahora se estaba abriendo al público para nuestras reuniones. Me dijeron que la importancia de esta invitación no podía exagerarse.

Fue increíble. Siendo un niño de Jaffa, nunca me imaginé ni por un segundo que entraría en un país árabe, y ahora me encontraba en la capital de Jordania, predicando no sólo como un invitado del gobierno, sino también protegido por soldados nacionales. ¡Increíble!

El edificio estaba totalmente lleno, y los oficiales de su majestad estaban allí para dar la bienvenida al país a nuestro equipo. Debido al alcance de nuestra televisión en la región, la gente vino de varios países árabes: Líbano, Egipto, Siria e Irak.

UNA CELEBRACIÓN EN DUBAI

Hemos visto los mismos resultados transformadores en una nación tras otra.

Cuando aceptamos una invitación para llevar a cabo uno de nuestros eventos en Dubai, en los Emiratos Árabes Unidos, en la costa del Golfo Pérsico, me preguntaba qué tipo de recepción nos darían en esa nación donde el islam es la religión oficial del estado. Nos ofrecieron usar el centro de exhibiciones del aeropuerto para las reuniones. Yo estaba totalmente sorprendido de lo que ocurrió. Más de quince mil personas abarrotaban el lugar, con doce mil más viéndolo en pantallas gigantes y un foro adicional de cuatro mil de pie fuera del edificio. La gente vino no sólo de la ciudad de Dubai, sino también de Egipto, Kuwait, Bahréin, Arabia Saudí, Líbano, Jordania, Irak y muchos otros países.

Durante esta celebración donde la unción del Espíritu Santo estuvo presente, yo alcé la mirada al cielo y exclamé una alabanza; "Gracias, Padre".

Dios me aseguró que eso era tan sólo el comienzo, un anticipo de lo que puede ocurrir en estas tierras cansadas de la guerra.

Capítulo 3

SEIS DÍAS EN JUNIO

E RA UNA MAÑANA TRANQUILA DE VERANO EN JAFFA, ISRAEL, la histórica ciudad costera que bordea Tel Aviv. Tenía catorce años de edad y estaba sentado en mi clase en el College des Freres (Escuela de hermanos), la escuela católica francesa a la que acudía en Jaffa, cuando de repente escuché un sonido que me causó escalofríos por la espalda y provocó que el corazón casi se me parase. Ese lunes, 5 de junio de 1967, las sirenas de ataque aéreo comenzaron a gemir, y pensé: "¡Se acabó!".

Unos pocos días antes habíamos tenido unos ejercicios de práctica, y todos los estudiantes fuimos conducimos a un búnker subterráneo.

Sin embargo, esta vez el aviso era real; y el director nos dijo que nos fuéramos a casa inmediatamente.

En mi hogar, mi madre, Clemence, y mi hermana mayor, Rose, estaban almacenando comida y botellas de agua. Les estaban dando las últimas instrucciones a mis hermanos y hermanas menores. A lo largo de toda la calle, le gente estaba pintando los faros de los autos de negro, y cubriendo las ventanas de sus casas.

SEÑALES DE PELIGRO

En los meses anteriores a ese día, los vientos de guerra habían aumentado, y el presidente de Egipto, Gamal Abdel Nasser, estaba amenazando a Israel. Habían pasado cerca de veinte años desde que Israel se convirtió en una nación en 1948, y su derecho a existir se había convertido en algo más que un tema de conversación en los bazares y las mezquitas. Los ejércitos ahora se estaban acumulando y los telegramas de noticias del mundo estaban llenos de informes de una invasión inmediata.

Sin embargo, la URSS (Unión de Repúblicas Socialistas Soviéticas) se involucró en la situación difundiendo una mentira deliberadamente. Hicieron circular la noticia de que las tropas israelíes se estaban acumulando en la frontera siria, lo cual no era cierto.

Eso provocó en Egipto un sentimiento falso de seguridad de que podían invadir Israel marchando a través del Sinaí.

Las señales de peligro venían de todas partes. Al norte, Siria estaba usando los altos del Golán como una plataforma de lanzamiento para bombardear las comunidades israelíes al noreste de Galilea. Era parte de una disputa por pequeñas parcelas de terreno que tanto Israel como Siria reclamaban como suyas en las zonas desmilitarizadas. Después, el 7 de abril de 1967, Israel tomó represalias derribando seis aviones sirios de combate MiG, que les habían proporcionado los soviéticos.[1]

El Día de la independencia de Israel, el 15 de mayo, Egipto comenzó a mover tropas a la península del Sinaí, más cerca de las fronteras de Israel. Tan sólo un día después, Egipto pidió que las Fuerzas de Emergencia de las Naciones Unidas (FENU) salieran de la nación. Las tropas habían sido estacionadas allí para monitorear el alto el fuego entre Israel y Egipto tras la crisis de Suez de 1956. Las Naciones Unidas accedieron.

La semana siguiente, Nasser cerró los estrechos de Tiran para los barcos israelíes, y cualquier otra embarcación que se dirigiese al puerto del Mar Rojo de Eilat, de Israel. Eso se consideró un acto de guerra, ya que cortaba el suministro de petróleo.

Más o menos en esa época, Jordania anunció que admitiría las tropas saudíes e iraquíes en su país para luchar con Israel; y tras una intensa presión del mundo árabe, el rey Hussein de Jordania firmó un acuerdo permitiendo a sus tropas que quedaran bajo el mando de Egipto. Además, la Organización para la Liberación Palestina (OLP, formada en 1964) prometió enviar comandos a Israel.

Día tras día, las estaciones de radio árabes llamaban a una guerra total y la exterminación del estado judío.

"¡MUERTE A LOS JUDÍOS!"

Es importante notar que en 1967 Israel no era el poder militar que es hoy día. El estado aún no tenía ni veinte años de existencia, y tenía una población de sólo 2 millones y medio de personas. Ya habían luchado dos guerras, y tanto la Ribera Occidental (conocida como Judea y Samaria en tiempos bíblicos) como el este de Jerusalén eran parte del reino de Jordania. ¿Podría una nación tan frágil soportar un conflicto grave contra todo el Oriente Medio?

En junio de 1967, en Ammán, Bagdad y El Cairo, el clamor popular del pueblo árabe en las calles era: "¡Muerte a Israel! ¡Muerte a los judíos!".

Cuando Nasser comenzó a lanzar misiones de reconocimiento cada vez más cerca de las fronteras de Israel, las familias comenzaron a almacenar comida y agua.

El lugar donde vivíamos, Jaffa (parte de Tel Aviv), no estaba tan lejos de Jordania. Si busca en un mapa, podrá ver cómo un ataque exitoso desde Jordania podría cortar la nación por la mitad casi instantáneamente.

YO NO ENTENDÍA

"¿Por qué? —me preguntaba una y otra vez—. ¿Por qué está ocurriendo esto? ¿Por qué la gente quiere luchar?". No lo entendía.

La amargura emocional y el odio que, de repente, subieron a la superficie en nuestra comunidad, me sorprendieron. Hasta ese momento, yo no conocía la enemistad profundamente arraigada que existía entre árabes y judíos.

En nuestra casa, las cosas eran diferentes. Nuestras puertas siempre estaban abiertas a la gente de todos los barrios. Mi padre trabajaba para el gobierno israelí, y teníamos amigos íntimos musulmanes, judíos y cristianos. Asistíamos a la iglesia ortodoxa griega; sin embargo, como mencioné anteriormente, yo asistía a una escuela de monjas católicas.

> **La amargura emocional y el odio que, de repente, subieron hasta la superficie en nuestra comunidad, me sorprendieron. Hasta ese momento, yo no conocía la enemistad profundamente arraigada que existía entre árabes y judíos.**

Prácticamente en todas las calles de Jaffa, había una mezcla de creencias religiosas y culturales. Nosotros nos llevábamos bien, y como niños jugábamos con todos igualmente.

Aún puedo recordar a un niño árabe llamado Elabed Masharawi, que solía venir a nuestra casa varias veces a la semana a jugar con mis hermanos mayores y conmigo. Cerca estaba la familia Sukkar, que eran musulmanes. Su hija solía ir a la escuela con mi hermana Rose. ¡Piense en ello! Era musulmana y era alumna de una escuela católica.

Calle abajo había una encantadora familia judía. Pasamos muy buenos momentos con sus hijos también.

Pero ahora las nubes de la guerra eran inminentes, y comencé a pensar en cómo sería vivir en otro lugar que no fuera Israel.

LA CIUDAD QUE CONOCÍA

Jaffa era el único hogar que yo había conocido. Cada día caminaba por la calle Yefet. *Yefet* es la palabra hebrea para Jafet —el tercer hijo de Noé—, al que se le atribuye el establecimiento de la ciudad después del Diluvio. Mis hermanos y yo a menudo jugábamos en los muelles donde Jonás se embarcó en el barco funesto hacia Tarsis. En los años sesenta Jaffa era una comunidad mayormente árabe en la costa del mar Mediterráneo con mucho movimiento y con una historia grande y también turbulenta.

Jaffa era —y aún es— un crisol internacional. En las calles, oirá a los locales conversar en francés, búlgaro, árabe, hebreo y otros idiomas. Durante mi infancia, la creciente población de Tel Aviv al norte había tragado a los cientos de miles de personas de Jaffa. Hoy, la metrópolis tiene el nombre oficial de Tel Aviv-Jaffa. Más de cuatrocientas mil personas llaman al área su hogar.

LA BATALLA PARA PONER FIN A TODAS LAS BATALLAS

Durante los primeros meses de 1967, la guerra era el tema de conversación número uno en las calles de Jaffa. Egipto estaba haciendo alarde de su poder militar, e Irak y Arabia Saudí prometieron su solidaridad a las naciones árabes fronterizas con Israel. La cuestión sobre la confrontación total ya no se trataba de *si*, sino de *cuándo*.

Durante los primeros días de junio de 1967, noche tras noche nuestra familia escuchaba con atención Radio Cairo, y sabíamos que la guerra era inminente. Tan sólo unos pocos días antes, el presidente Nasser anunció que su ejército egipcio al completo estaba en alerta máxima. En una demostración bien publicitada, movió un gran número de tropas por las calles de El Cairo en dirección a Sinaí. En su opinión, esa iba a ser la batalla para poner fin a todas las batallas; amenazando con aplastar de una vez por todas al novato estado de Israel y echarlo al mar.

En ese tiempo, Nasser estaba en la cresta de su popularidad, y parecía que la histeria había inundado a todo el mundo árabe. Jordania, Siria y el Líbano se habían asociado en una alianza para esta confrontación histórica, además de que los contingentes de Arabia Saudí, Kuwait, Irak y Argelia habían prometido unirse a la lucha.

RODEADOS DE TANQUES Y TROPAS

La gente de nuestra ciudad estaba aterrada. Las tropas sirias se estaban reuniendo en la frontera norte. Otras naciones árabes, incluyendo Irak y Kuwait, enviaron contingentes que estaban listos para invadir. El 4 de junio de 1967, se calculaba que aproximadamente 325,000 tropas combinadas, 700 aviones de combate y 2,300 tanques rodeaban la nación judía,[2] sobrepasando con mucho a las fuerzas de Israel.

Cuando llegó la noticia de que había estallado la guerra, nos quedamos pegados a la radio y la televisión. Como nuestra familia hablaba tanto árabe como hebreo, podíamos entender las emisiones tanto de Israel como de Egipto. No obstante, la estación de televisión de Egipto era difícil de ver en nuestro pequeño televisor en blanco y negro, y durante los dos primeros días, los informes desde Tel Aviv y Jerusalén eran prácticamente inexistentes. Israel no quería dar a conocer lo que realmente estaba ocurriendo.

Por encima podíamos oír aviones israelíes dirigiéndose hacia Sinaí, pero estábamos desesperados por conocer los hechos.

"DEBEN ESTAR ACERCÁNDOSE"

Nos acurrucábamos alrededor de la radio, escuchando los informes desde El Cairo. Con una música militar de fondo, el periodista anunciaba cada hora: "Nuestras fuerzas están haciendo retroceder al enemigo en todos los frentes".

Nos miramos unos a otros y dijimos: "Deben estar acercándose. Van a aparecer en cualquier momento".

Jaffa está sólo a unas cincuenta millas de Jerusalén, y podíamos oír el ruido de las bombas a lo lejos, como el sonido de fuegos artificiales. Sabíamos que se debía de estar librando alguna batalla.

Desde que éramos niños, papá intentaba explicarnos lo mejor que podía lo que estaba ocurriendo y mantenernos calmados, pero nunca habíamos vivido nada como aquello. Estábamos asustados, listos para saltar al búnker que tan cuidadosamente habíamos construido.

Esa primera noche, los vecinos vinieron a nuestra oscura casa para oír los informes. Las noticias desde Egipto repetían una y otra vez: "Nuestro ejército está avanzando por el Sinaí, e Israel está sufriendo grandes derrotas en aire, tierra y mar".

"¿Dónde están los aviones?", preguntábamos mirando a los cielos del sur.

LA SORPRESA ISRAELÍ

En ese momento, no lo sabíamos, pero el domingo 4 de junio, Moshe Dayán, el recién nombrado ministro de defensa, presentó su plan de batalla al gabinete israelí. Iba a ser un valiente ataque preventivo.

Las fuerzas israelíes totalizaban unos 250,000 hombres, 1,000 tanques y 1,500 personas armadas, pero las tropas terrestres no iban a ser la respuesta.[3]

Israel también comandaba 286 aviones de combate, y a las 7:14 de la mañana siguiente, los aviones israelíes lanzaron ataques sorpresa contra las fuerzas aéreas de Egipto, destruyendo prácticamente trescientos aviones enemigos, la mayoría de los cuales estaban aún en tierra.[4]

De las mayores preocupaciones eran los treinta bombarderos "Badger" Tu-16 egipcios, que eran capaces de causar graves daños tanto sobre centros militares como civiles de Israel.

En las primeras horas de los ataques aéreos israelíes de la mañana del lunes, se alcanzaron diecinueve campos de aviación egipcios, y la mayoría de los MiG-21 egipcios fueron destruídos.[5]

Esa misma mañana, Israel envió decir a Jordania que no deseaba llevar a cabo ningún enfrentamiento militar en la Ribera Occidental junto a la frontera este de Israel, donde Jordania había acumulado sus tropas, pero el rey Hussein de Jordania recibió una falsa información desde Egipto e inmediatamente lanzó ataques simultáneos sobre Israel. La fuerza militar jordana bombardeó suburbios civiles de Tel Aviv y atacó las ciudades israelíes de Netanya y Kfar Sava. En Jerusalén occidental, localidades civiles fueron bombardeadas indiscriminadamente, incluyendo el Hospital Hadassah y la iglesia monte Sión, junto con los edificios del parlamento israelí (el Knéset) y la oficina del primer ministro.[6]

Eso abrió un segundo frente en la guerra y llevó a que Israel entrara y finalmente conquistara la Ribera Occidental.

FINALMENTE, LA VERDAD

El segundo y tercer día, si los informes de El Cairo hubieran sido veraces, ¡la fuerza militar israelí habría sido derrotada más de tres o cuatro veces! Sólo los egipcios que contravinieron la orden del gobierno y escucharon a la Corporación Británica de Difusión sabían lo que realmente estaba ocurriendo.

En el plazo de dos días, Israel había destruido cientos de aviones egipcios, y el ejército egipcio de cien mil hombres estaba en total retirada.

Mientras que Israel luchaba en el Sinaí y la Ribera Occidental, Siria intentaba bombardear las refinerías de petróleo en Haifa y abrió fuego sobre las fuerzas israelíes en Galilea y en kibbutzim, bajo de los Altos del Golán.[7] Fue un mal movimiento, porque Israel aprovechó la oportunidad para destruir dos terceras partes de la fuerza aérea siria; y el resto hizo una retirada apresurada.

En el frente sur murieron más de quince mil soldados egipcios.[8] Su sangre empapó las arenas del Sinaí.

TESTIGOS OCULARES DE UN MILAGRO

Hasta este día, los cristianos y los judíos miran atrás a esa guerra y lo llaman un milagro. Después de todo, ¿cómo es posible que una nación superada en todos los sentidos se defienda, expanda grandemente su territorio y vuelva a conquistar Jerusalén; todo en seis días? ¡Y el séptimo día descansaron!

Creo que un corresponsal militar del periódico secular *Haaretz* resumió muy bien la Guerra de los Seis Días con esta admisión: "Incluso, una persona no religiosa, debe admitir que esta guerra se libró con la ayuda del cielo".[9] Sin duda, cualquiera que dude de la existencia de Dios, sólo necesita investigar algunos de los muchos relatos increíbles de la victoria de Israel en esta guerra para darse cuenta de que Él existe y que protegerá a Israel de sus enemigos. Estas son tan sólo unas cuantas historias breves que recoge la página web de las noticias nacionales de Israel sobre la intervención de Dios a favor de Israel durante la Guerra de los Seis Días.

¿Dar en el blanco o aterrizaje seguro?

En mitad de la noche, un camión de las Fuerzas de Defensa israelíes en una misión para llevar un cargamento fresco de munición a las primeras líneas de batalla estacionó cerca de un edificio en Jerusalén. La situación era precaria, porque si el camión, que estaba cargado de armas y bombas, era alcanzado por el fuego enemigo, la explosión de toda la munición que contenía el camión sería lo suficientemente importante como para derribar todos los edificios de la zona y matar a sus habitantes. Mientras los soldados del camión cargado de munición esperaban, de repente se escuchó el silbido de un misil enemigo que se aproximaba.

El misil dio en el blanco sobre el vehículo pero no explotó. Se quedó situado encima de la pila de munición israelí del camión.[10]

> **Cualquiera que dude de la existencia de Dios, sólo necesita investigar algunos de los muchos relatos increíbles de la victoria de Israel en esa guerra para darse cuenta de que Él existe y que protegerá a Israel de sus enemigos.**

Excedidos en número, pero victoriosos

Tras la guerra, Yisrael, un taxista que luchó como parte de la unidad de paracaidistas asignada para conquistar el Estrecho de Tiran, compartió este relato ocular:

> Fui enviado con otro soldado en la reserva, un electricista, a patrullar [un área en el Estrecho de Tiran]. Cuando nos habíamos distanciado dos kilómetros, un camión semioruga egipcio apareció ante nosotros lleno de soldados y montado con ametralladoras en cada lado. Nosotros teníamos sólo armas ligeras con unas cuantas balas, que no podrían detener ni por un segundo al camión semioruga.

No podíamos darnos la vuelta, así que nos quedamos allí sin esperanza alguna, esperamos el primer disparo y, a falta de una idea mejor, les apuntamos con nuestras pistolas.

Pero no nos dispararon.

El camión semioruga se detuvo, y decidimos acercarnos a él con cautela. Encontramos a dieciocho soldados armados dentro sentados con sus armas en la mano, con una mirada petrificada en sus rostros. Nos miraron con gran temor como si nos estuvieran implorando misericordia. Yo grité: "¡Manos arriba!". Cuando nos los llevábamos, como yo ya estaba más calmado, le pregunté al sargento egipcio que estaba a mi lado: "Dígame, ¿por qué no nos dispararon?".

Él respondió: "No lo sé. Mis brazos se congelaron, se me paralizaron. Todo mi cuerpo se paralizó, y no sé por qué".

Resultó que aquellos soldados no sabían que el Estrecho de Tiran ya estaba en manos israelíes; ¿por qué no nos eliminaron? No tengo una respuesta. ¿Cómo es posible que alguien diga que D--s no nos ayudó?[11]

"El dedo de D--s"

Al director de operaciones de las Fuerzas de Defensa de Israel, el General de División Ezer Wiezmann, le pidieron en una ocasión que explicara cómo pudieron destruir los aviones de la Fuerza Aérea Israelí a los aviones egipcios volando durante tres horas seguidas desde una pista de aterrizaje hasta Israel para repostar y volver a cargar, y luego volar a la siguiente pista de aterrizaje egipcia, y a la vez los egipcios no radiar la noticia con antelación para avisar a sus propios hombres del ataque israelí.

Tras un momento de pensar en silencio, Weizmann, que después fue presidente de Israel, alzó su cabeza y dijo: "el dedo de D--s".[12]

AMPLIACIÓN DE FRONTERAS

La Guerra de los Seis Días terminó el 11 de junio. Israel no sólo había ganado el conflicto, sino que también había capturado el desierto del Sinaí y la franja de Gaza a Egipto, los altos del Golán a Siria, y del reino de Jordania tomaron el control de la Ribera Occidental y el este de Jerusalén, incluyendo el famoso muro occidental del templo de Salomón.

La reivindicación de tres mil años de antigüedad de los judíos de la ciudad de Jerusalén había dado una vuelta completa, y volvió a estar de nuevo bajo el gobierno judío. Un total de 777 israelíes murieron en la batalla;[13] muchos menos que las 6,000 bajas de la guerra de 1948.[14]

La increíble victoria significó que un millón de árabes, principalmente palestinos, ahora quedaban bajo el control israelí. El mundo se preguntaba qué ocurriría después.

MUCHAS PREGUNTAS

Le doy gracias a Dios por haber crecido en un hogar que no albergó odio ni resentimiento. Mi padre a menudo decía: "No mires una situación sólo desde un lado de la mesa. Siempre debes verla desde los cuatro lados". Como mi padre pasaba la mayor parte de su tiempo apaciguando reivindicaciones entre ciudadanos y agencias gubernamentales, conocía la importancia de ver los problemas desde todos los ángulos.

Aunque mi padre no era judío, había pasado el tiempo suficiente trabajando en el gobierno israelí como para conocer la profundidad de los problemas que afrontaban. Y aunque él no era palestino, entendía el profundo resentimiento que los palestinos sentían por no estar ya a cargo de la tierra en la que habían vivido durante tantos siglos.

Una noche pidió a toda su familia que nos reuniéramos. Comenzó: "Las fuerzas en el Oriente Medio siempre estarán en conflicto".

Continuó: "Cuando yo nací, había problemas. Voy a vivir el fin de los problemas y, cuando muera, todavía habrá problemas".

Mi padre nunca dijo ser profeta, pero como descubrí más adelante, sus palabras no cabe duda que eran proféticas.

Israel había ganado la guerra, ¿pero cuál sería finalmente el precio? ¿Qué les ocurriría a los palestinos, tanto musulmanes como cristianos, que vivían dentro de estos nuevos territorios conquistados por Israel; incluso a la familia de mi madre en la ciudad de Ramala en la Ribera Occidental, ahora parte de Israel en vez de Jordania? ¿Cómo responderían las naciones árabes a su abrumadora derrota?

Como un joven adolescente, era personal. Me preocupaba: "¿Qué le pasará a mi familia?".

Muchos años después, aunque vivía en un continente diferente, todavía luchaba con preguntas como: "¿Cómo nos metimos en esta trágica situación? ¿Qué tiene Dios que decir sobre esto? ¿Cuál es la respuesta? ¿Parará alguna vez de correr la sangre en las arenas del Oriente Medio?".

Capítulo 4

LA RAÍZ
DEL PROBLEMA

Y O NO LO SABÍA EN AQUEL ENTONCES, PERO ALREDEDOR DE un año antes de la Guerra de los Seis Días, uno de los compañeros de trabajo judío de mi padre sugirió: "Constandi, realmente tienes que cuidar de tu familia. Deberías considerar seriamente irte de aquí".

Durante varios meses, mi padre había hablado calladamente tanto con amigos árabes como judíos en relación con el proceso que conlleva la inmigración. Él estaba activo en clubes de servicio internacional y a título personal con diplomáticos que vivían en nuestra zona. Día a día, mi padre estaba reuniendo información que afectaría el futuro de su familia. A comienzos de 1968, mi padre nos juntó y anunció que estaba planeando que dejáramos el país. "Por favor, no hablen de esto con nadie porque podrían surgir problemas con nuestros visados de salida".

Como cualquier niño de quince años, estaba emocionado con la posibilidad de un nuevo comienzo y le pedía a Dios que permitiera que así fuera.

Unos pocos días después, un agregado de la embajada canadiense visitó nuestro hogar y nos mostró un breve reportaje sobre la vida en Canadá. ¡Qué contraste con la histórica Jaffa! Toronto parecía una ciudad moderna y ajetreada.

La semana siguiente, un hombre de la embajada telefoneó a mi padre con las noticias. "Sr. Hinn, lo tenemos todo arreglado; no me pregunte cómo. Toda su documentación está en orden, y pueden salir cuando estén listos."

Casi de inmediato, vendimos nuestras posesiones e hicimos los preparativos para una nueva vida en Norteamérica.

DONDE TODO COMENZÓ

En las cuatro décadas desde mi viaje de Jaffa a Norteamérica, nunca ha habido un día en que no haya pensado y orado por el mundo que dejé atrás. Mi corazón continúa clamando por el Oriente Medio, y he regresado en innumerables ocasiones.

Después de mi renacimiento espiritual, pasaba horas y horas cada día profundizando en la Palabra de Dios y pidiéndole al Espíritu Santo que me revelase la verdad y me guiase. Al mismo tiempo, los acontecimientos en Israel y en el mundo árabe continuaban dominando las noticias, y quise saber lo que las Escrituras tenían que decir en relación con la raíz del problema.

Así que me fui al libro de Génesis, donde todo comenzó.

¿LA DESCENDENCIA PROMETIDA?

En un lugar llamado Harán (el actual Irak), Dios habló a un hombre de setenta y cinco años, Abram, diciéndole que debía tomar a su esposa y viajar a una tierra desconocida (la cual sería Canaán).

Dios le prometió a Abram que haría de él una gran nación, y que por medio de él todas las familias de la tierra serían bendecidas. Aún más, Dios dijo que la descendencia de Abram sería como las estrellas:

demasiado grande para contarla (ver Génesis 12:2-3; 15:5).

Sin embargo, tras muchos años, cuando Abram había llegado a la edad de ochenta y seis años, la pareja seguía sin tener hijos, así que Sarai concibió un plan. Le entregó a Abram a su sierva egipcia, pensando que quizá podría tener un hijo con ella.

Agar era más que una concubina; según la cultura de aquellos tiempos, se le consideraba como la esposa de Abram.

¡MUJERES CELOSAS!

Cuando leo esta historia, me sorprende que en el momento en que Agar concibió, cambió toda su actitud. De repente comenzó a mirar con desprecio a Sarai. Como nos dice la Escritura, Sarai reaccionó de forma tan áspera que su sierva huyó para evitar su ira. Después, un ángel del Señor encontró a Agar junto a un arroyo en el desierto y le preguntó: "¿Qué estás haciendo aquí?".

Ella respondió que estaba huyendo de su señora, pero el ángel le dijo que volviera con Sarai y aguantara su afrenta; y también prometió que multiplicaría grandemente su descendencia.

Dios le dio a Agar un anticipo de lo que llegaría a ser su hijo: un "hombre fiero" que viviría en conflicto (Génesis 16:12). El niño nació y recibió el nombre de Ismael, que significa "Dios escucha".

UNA DECISIÓN CRUCIAL

Trece años después, cuando Abram tenía noventa y nueve años, Dios renovó de nuevo su promesa, afirmando que él y Sarai, cuyos nombres cambiaron a Abraham y Sara, tendrían un hijo juntos. Era impensable a su avanzada edad; sin embargo, ocurrió lo imposible, y nació Isaac.

Cuando el bebé creció y fue destetado, Abraham organizó un gran banquete. Durante la celebración, Sara vio que Ismael se burlaba de Isaac, y le dijo a Abraham que echara al niño y a Agar de su casa.

Esa fue una decisión muy difícil. Abraham amaba a sus dos hijos por igual, pero tras oír la voz de Dios con respecto al asunto, accedió a la petición de Sara.

A la mañana siguiente, Abraham reunió algunas provisiones y despidió a Agar junto con Ismael. Vagaron por el desierto de Beerseba hasta que se quedaron sin agua y estuvieron peligrosamente cerca de morir de sed. Afligida, Agar acostó a su hijo bajo un arbusto y se apartó de él un poco, llorando, esperando que Ismael muriese.

En ese preciso instante, Dios oyó el llanto de Ismael, y un ángel apareció y le dijo a Agar que no temiese. De hecho, le dijo que el niño viviría, y que Dios haría de él una gran nación.

Al abrir sus ojos, Agar vio un pozo de agua. Corrió rápidamente para llenar su odre de agua y le dio a beber a Ismael un trago para salvarle la vida.

La Biblia relata todas estas cosas en Génesis 21 y también nos dice que el hijo de Agar creció, habitó en el desierto y se convirtió en un arquero. En el plan de Dios, aquello no fue un destierro. Dios tenía un propósito específico para este hijo rechazado de Abraham.

UNA NUEVA VIDA EN ARABIA

Con el paso del tiempo, Agar encontró una esposa egipcia para Ismael, y se convirtió en el padre de doce hijos (ver Génesis 25:13-15). La Escritura nos dice que vivieron en el desierto cerca de Egipto y al otro lado de la península de Arabia.

Es interesante notar que el término *árabe* se dio más adelante a quienes procedían de esta área geográfica. Hoy día, la palabra tiene una definición mucho más amplia, y se aplica comúnmente a todo el mundo de habla árabe.

DOS HIJOS, DOS BENDICIONES

Es esencial tener en cuenta que Abraham amaba a Ismael tanto como amaba a Isaac; e igualmente Jehová Dios. Con relación a Isaac, Dios prometió establecer un pacto eterno con él y sus descendientes; y para Ismael, Dios prometió bendecirle y hacerle fructífero, diciendo que tendría doce hijos y se convertiría en el padre de una gran nación (ver Génesis 17:19-20).

Se ha escrito mucho sobre la gran división en el Oriente Medio, la cual se remonta a estos dos hijos; sin embargo, durante toda su vida ellos fueron amigos. Como se relata en Génesis 25:9, cuando Abraham murió, sus hijos Isaac e Ismael estaban juntos cuando lo enterraron en una cueva.

> *Es esencial tener en cuenta que Abraham amaba a Ismael tanto como amaba a Isaac; e igualmente Jehová Dios.*

NO HAY LUGAR PARA EL ODIO

Personalmente, me preocupo profundamente cuando oigo a alguien decir: "Yo odio a los árabes" o "Yo desprecio a los judíos".

No es ningún secreto que después de los ataques terroristas en New York, Washington y Pensilvania del 11 de septiembre del 2001, muchos estadounidenses comenzaron a relacionar a los musulmanes o árabes con el terrorismo. Las emociones de los días y las semanas que siguieron a esta tragedia parecían incitar a una profunda desconfianza y, en algunos casos, al odio por los musulmanes y la gente de descendencia árabe.

Permítame detenerme aquí y decirle esto: no todos los musulmanes son extremistas radicales, y no deberíamos estereotiparlos de esa manera. La vasta mayoría es gente elegante y educada. Nuestros vecinos musulmanes, cuando yo vivía de pequeño en Jaffa no eran distintos de la persona promedio que usted puede ver en las calles de Estados Unidos. No vestían ni actuaban como los radicales que vemos en las noticias de la noche.

Al igual que no está bien hacer estereotipos de los musulmanes, tampoco está bien generalizar con todos los árabes. Son un pueblo muy diverso. El mundo árabe está compuesto de veinticuatro países diferentes con diferentes idiomas, cocinas y tradiciones; tan diversos como los países y culturas de América del Sur.

Quizá también le sorprenda saber que debido a siglos de intentos europeos de dominar la región, hay mucha sangre europea mezclada en la mayoría de la línea de sangre árabe, lo cual causa variaciones en el tono de piel, color del cabello y de ojos. Hay muchos rubios y pelirrojos, y también prietos entre ellos. De hecho, varios de mis primos que aún viven en la región tienen el cabello tan rubio y los ojos tan azules, ¡que usted pensaría que son suecos!

> *Ciertamente, hay razones para oponerse al terror, sin importar quién sea el responsable, pero como hijo de Dios, no puedo albergar odio contra los árabes como pueblo. ¿Por qué? Porque el mismo Dios que apreciaba a Isaac, amaba también a Ismael de la misma manera.*

Esto es lo que quiero decir: aunque todos estamos de acuerdo en que es correcto querer que se haga justicia con todos los violentos terroristas y con aquellos que buscan hacer daño a la civilización occidental, también debemos recordar que el Señor Jesús ama a toda la gente y ha puesto el ejemplo que también nosotros estamos llamados a seguir.

Ciertamente, hay razones para rechazar el terror, sin importar quién sea el responsable, pero como hijo de Dios, no puedo albergar odio y amargura hacia los árabes como pueblo. ¿Por qué? Porque el mismo Dios que apreciaba a Isaac, amaba también a Ismael de la misma manera.

LOS HIJOS DE ISAAC

Al trazar la historia del pueblo judío, según las Escrituras, no cabe duda que de los dos hijos de Abraham, Isaac era "el hijo de la promesa". Dios le reveló a Abraham que Sara tendría un hijo que sería llamado Isaac y dijo: "Confirmaré mi pacto con él como pacto perpetuo para sus descendientes después de él" (Génesis 17:19).

La razón por la que el Señor le dijo a Abraham que expulsara a Ismael y su madre Agar fue porque a través de Isaac vendría el Mesías (ver Génesis 26:4). Este concepto se repite en el Nuevo Testamento por boca del apóstol Pablo (Romanos 9:7).

Isaac creció y fue un hombre apacible y pacífico que se casó con una hermosa y extrovertida mujer llamada Rebeca. Tuvieron gemelos, Jacob y Esaú, siendo el primogénito Esaú. Este hecho es importante, porque significaba que él recibiría una doble porción de las riquezas de Isaac.

Hay un relato dramático que cuenta Génesis 25 donde un Esaú hambriento llega a casa tras haber salido a cazar, y se encuentra con que Jacob no le daba un plato de guiso que había cocinado a menos que Esaú accediera a venderle su primogenitura; y eso es lo que ocurrió.

Durante un periodo de grave hambruna, cuando la gente se iba en busca de un lugar más rico y fértil para vivir, el Señor le dijo a Isaac que se quedara en la tierra que había recibido, y (tal como

Dios también le prometió a Abraham) todas las naciones de la tierra serían bendecidas a través de su descendencia (Génesis 26:3-4).

PASAR LA BENDICIÓN

Decir que Dios bendijo a Isaac, es quedarse corto. Génesis 26 relata cómo Isaac sembró en esa tierra reseca y recogió una gran cosecha. Poseía unos rebaños y ganado tan grandes que los filisteos le envidiaban. Incluso comenzó a cavar de nuevo en los pozos que hacía mucho tiempo que se habían secado, ¡y salió agua a la superficie!

En Génesis 27, encontramos a Isaac casi ciego cuando se acerca al final de sus días. Sabía que había llegado el momento de traspasar su bendición a su hijo mayor, así que pidió que Esaú, el hombre tosco de campo y aire libre, matara algún gamo y preparase una suculenta comida, la cual se comería antes de bendecir a Esaú.

Rebeca escuchó la conversación, y cuando Esaú salió, preparó una comida para que Jacob se la llevara a su padre en lugar de Esaú. Hicieron unos grandes preparativos para engañar al debilitado Isaac, pero su engaño funcionó, e Isaac otorgó la bendición a Jacob en vez de a Esaú.

Cuando regresó de cazar, Esaú descubrió que habían tomado su lugar en su ausencia y se enfureció, pero la bendición dada a Jacob era permanente, y no se podía revertir.

Para evitar la venganza de Esaú, Jacob huyó para salvar su vida, yéndose a vivir con su tío Labán. Allí se casó y prosperó mucho.

UN NOMBRE NUEVO: ISRAEL

Muchos años después, Jacob tomó la decisión de regresar a su tierra natal con su familia y sus muchas posesiones. Inseguro y temeroso de cómo respondería Esaú, llevó con él un gran número de regalos para aplacar a su hermano.

Los regalos no eran necesarios, pues al acercarse a su hermano, Jacob se postró en tierra siete veces, pero la Biblia dice que Esaú corrió a recibirle, le abrazó y le besó y los dos lloraron (Génesis 33:3-4). ¡Todo estaba perdonado!

La bendición de Abraham continuaba a través de Isaac y Jacob, y la descendencia se multiplicó a través de sus descendientes. Técnicamente, Abraham no era ni árabe ni judío. Fue su nieto, Jacob, al que Dios le cambió el nombre a Israel (Génesis 32:28), y fueron los hijos de Jacob los que se convirtieron en las doce tribus de Israel. Una de esas tribus era Judá, de la cual se deriva el nombre "judío".

EL LEGADO

¿Qué les ocurrió a los hijos de Ismael? ¿Prosperaron? Claro que sí. Hoy día, los descendientes de Ismael ocupan un territorio unas 150 veces mayor que los que descienden de la línea de Isaac en el Israel moderno.

Este legado continúa en el mundo árabe. Por ejemplo, el islam traza el linaje de Mahoma por la tribu de Quraish (también escrita Koraich), que vino del hijo de Ismael, Cedar. Como veremos después, los musulmanes tienen una visión positiva de Ismael y lo consideran uno de sus profetas.

ORO Y PLATA

Desde los tiempos bíblicos, los árabes han sido un segmento importante de la sociedad, tanto en comercio como en cultura. De hecho, hay muchas referencias en las Escrituras que describen el trato del pueblo judío con los árabes.

Sabemos que los ismaelitas eran comerciantes y mercaderes. Cuando los hijos de Jacob tuvieron celos de su hermano José y lo vendieron como esclavo, Génesis 37:25 detalla cómo una compañía de ismaelitas viajaba de Galaad a Egipto con sus camellos que llevaban especias y otras mercancías. Los hijos de Jacob cambiaron a su hermano por veinte piezas de plata.

Más adelante, durante la construcción del templo de Salomón, le llegaron regalos de muchos lugares, incluyendo a todos los reyes de Arabia que contribuyeron con oro y plata (ver 2 Crónicas 9:14). Obviamente, como Dios había prometido, esos descendientes de Ismael habían sido prosperados y bendecidos.

SEMILLAS DE CONFLICTO

Ciertamente, hubo periodos de paz en las generaciones que siguieron, pero como puede leer en el Antiguo Testamento, también hubo periodos de conflicto entre árabes y judíos. Por ejemplo:

- Durante el reinado del rey Joram, cuando Israel no estaba obedeciendo el mandamiento de Dios, "entonces Jehová despertó contra Joram la ira de los filisteos y de los árabes" (2 Crónicas 21:16).

- Los descendientes de Ismael son nombrados en la historia del rey Uzías. Leemos que mientras Uzías siguió al Señor, Dios le hizo prosperar (2 Crónicas 26:5) y le ayudó a derrotar a los filisteos y árabes que moraban en Gur-baal (versículo 7).

- Más adelante, el salmista escribiría: "¡Ay de mí, que moro en Mesec, y habito entre las tiendas de Cedar! Mucho tiempo ha morado mi alma con los que aborrecen la paz. Yo soy pacífico; mas ellos, así que hablo, me hacen guerra" (Salmo 120:5-7).

- Isaías habla de los hijos de Ismael en Arabia, los "moradores de tierra de Tema" (Isaías 21:14) y los "valientes flecheros, hijos de Cedar" (versículo 17). Recuerde que Ismael mismo vivió en el desierto y se convirtió en arquero (Génesis 21:20).

EL MENSAJE

Cuando estudio el Nuevo Testamento, encuentro referencias específicas a los árabes, como cuando Dios se estaba moviendo poderosamente en esa parte del mundo en el derramamiento del Espíritu Santo el día de Pentecostés. Las personas que se habían reunido de muchas partes de la tierra se quedaron mudas de asombro porque todos oían el mensaje en su propio idioma: "partos, medas, elamitas... romanos aquí residentes, tanto judíos como prosélitos, cretenses y árabes" (Hechos 2:6, 9-11).

Y cuando Pablo fue llamado a predicar el evangelio, una de sus primeras misiones fue llevar el mensaje a Arabia (Gálatas 1:17).

LA GRAN DIVISIÓN

¿Dónde llevarían finalmente los dos caminos divergentes que tomaron Isaac e Ismael? ¿Cómo escaló la división entre estas culturas hasta la violencia de nuestros días? ¿Vivirán alguna vez en paz los israelitas y los palestinos?

Estas preguntas sólo pueden responderse al entender los eventos a lo largo de los siglos que moldearon las actitudes y las acciones de personas apasionadas que representan muchos puntos de vista. Mientras continúa nuestro viaje en los siguientes capítulos, explicaré los papeles de los persas, babilonios y otros imperios. También explicaré cómo la ley de Moisés, la venida de Cristo y el comienzo del cristianismo afectaron al Oriente Medio.

SANGRE en la ARENA

También es esencial entender por qué millones de personas abrazaron el islam en el siglo VII y cómo esto llevó a un baño de sangre entre los imperios islámicos y las colonias europeas. Además, necesitamos saber cómo el imperio otomano moldeó la región y el impacto de las dos guerras mundiales.

Y más importante aún, examinaremos lo que Dios dice en relación con el futuro de esta problemática tierra.

Capítulo 5

¿QUIÉN ES EL DUEÑO DE LA TIERRA?

Es VIERNES AL ANOCHECER EN LA ANTIGUA CIUDAD DE Jerusalén, y el shabat —el día de reposo— está a punto de comenzar. Los fieles judíos se han reunido en el muro occidental del templo de Salomón, con frecuencia llamado "el muro de las lamentaciones", y se pueden oír sus voces orando fervientemente y a veces cantando.

He estado allí decenas de veces, tanto con grupos de nuestros asociados como solo. Parece prácticamente que cada vez que oro en el muro, Dios responde; y espero con anticipación los momentos que puedo pasar con el Señor en este sagrado lugar.

Hace años, un amigo me recordó que en la oración de Salomón cuando dedicó el templo, le pidió a Dios que oyera las oraciones de cada persona que llegase, tanto judío como gentil. Salomón oró así:

> Y también al extranjero que no fuere de tu pueblo Israel,
> que hubiere venido de lejanas tierras a causa de tu gran
> nombre y de tu mano poderosa, y de tu brazo extendido,
> si viniere y orare hacia esta casa, tú oirás desde los cielos,
> desde el lugar de tu morada, y harás conforme a todas las

cosas por las cuales hubiere clamado a ti el extranjero; para que todos los pueblos de la tierra conozcan tu nombre, y te teman así como tu pueblo Israel, y sepan que tu nombre es invocado sobre esta casa que yo he edificado.

—2 Crónicas 6:32-33

Así que cada vez que visito el muro, ejercito mi fe y creo que el Señor responderá la oración de Salomón.

Sin lugar a duda, este es el lugar más sagrado en todo el judaísmo. Fue aquí donde una vez se levantó el templo de Salomón antes de ser destruido. Construido en el año 516 a.c., esta sección que permanece, de unos 60 metros, era parte del segundo templo; y judíos de todo el mundo han hecho de él un lugar sagrado de peregrinaje.

Uno puede venir aquí a cualquier hora del día para encontrar mucha gente con sus libros de oraciones en la mano, balanceándose hacia adelante y hacia atrás casi de manera rítmica, mirando esta antigua pared y recitando sus peticiones. Otros escriben sus oraciones en trozos de papel y las introducen cuidadosamente entre las piedras como una demostración tangible de su fe.

Cada vez que visito este lugar, me doy cuenta una vez más del profundo compromiso del pueblo judío con su tierra, y cómo su historia manchada de sangre les ha dado esa fiera determinación para sobrevivir y salir adelante, independientemente del costo.

¿TERRITORIO DE QUIÉN?

El conflicto palestino-israelí de hoy día puede reducirse a una pregunta básica: ¿quién es el dueño de la tierra? Para los árabes, los organismos de gobierno internacionales pro-Israel se lo quitaron ilegalmente tras la Segunda Guerra Mundial. Para los judíos, sin embargo, el territorio siempre ha sido legítimamente suyo y les fue dado por el mismo Dios todopoderoso.

Las tres grandes religiones del mundo —judaísmo, cristianismo e islam— nacieron todas en el Oriente Medio y comparten un denominador común. Todas trazan su linaje hasta Abraham.

He tenido muchas conversaciones profundas con mis amigos judíos, y todos creen que las palabras de la Torá, o el Antiguo Testamento, les conceden el derecho absoluto de reclamar la tierra de Israel como su hogar permanente.

Una vez, cuando estaba en Jerusalén, me presentaron a una mujer apasionada por levantar apoyo económico para los asentamientos judíos por todo Israel, incluyendo la Ribera Occidental (conocida bíblicamente como Judea y Samaria). Ella me dijo en unos términos nada inciertos: "Esta es nuestra tierra. Dios nos la dio, y realmente no nos importa lo que los políticos piensen o digan. Esto no cambiará".

> **Las tres grandes religiones del mundo —judaísmo, cristianismo e islam— nacieron todas en el Oriente Medio y comparten un denominador común. Todas trazan su linaje hasta Abraham.**

Este es el sentimiento de incontables miles de judíos que se han asentado en Israel —incluyendo las Judea y Samaria bíblicas— y no tienen la menor intención de vivir en ningún otro lugar.

Ellos le dirán que cuando Dios llamó a Abraham, declaró: "Y te daré a ti, y a tu descendencia después de ti, la tierra en que moras, toda la tierra de Canaán en heredad perpetua; y seré el Dios de ellos" (Génesis 17:8).

Las fronteras del territorio eran específicas. "En aquel día hizo Jehová un pacto con Abram, diciendo: A tu descendencia daré esta tierra, desde el río de Egipto hasta el río grande, el río Éufrates" (Génesis 15:18).

Esta promesa nunca se ha ido del corazón y la mente del pueblo judío, independientemente de todo lo que han soportado durante miles de años.

FUERA DE EGIPTO

Desde el principio del todo, Abraham sabía que el viaje que tenía por delante estaría lleno de angustia y de logros. Por ejemplo, el Señor le dijo *de antemano* que los hijos de Israel pasarían cuatrocientos años en cautividad antes de ser liberados. Dios dijo: "Ten por cierto que tu descendencia morará en tierra ajena, y será esclava allí, y será oprimida cuatrocientos años. Mas también a la nación a la cual servirán, juzgaré yo; y después de esto saldrán con gran riqueza" (Génesis 15:13-14).

Esta profecía se cumplió cuando el Todopoderoso envió diez plagas sobre Egipto y un asustado faraón liberó a los israelitas de la esclavitud. Cuando Moisés guió el gran éxodo, llevaban consigo la riqueza de la tierra: plata, oro y ropa (ver Éxodo 12:35-36).

Durante su vagar, Dios le dio a Moisés los Diez Mandamientos, construyó el arca del pacto, y ordenó reglas específicas para vivir y patrones de adoración sagrados para el pueblo judío hasta el día de hoy.

UNA PROMESA DE POSESIÓN

La razón por la que el Éxodo es una parte tan significativa y venerada de la historia judía es porque los israelitas se dirigían hacia la Tierra Prometida: el mismo territorio que Dios anteriormente le había prometido a Abraham.

Cerca del final de su viaje, Moisés le dijo al pueblo que Dios les daría la tierra que Abraham, Isaac y Jacob habían poseído y que serían prosperados en esa tierra incluso más de lo que habían sido sus antepasados (ver Deuteronomio 30:5).

Tras la muerte de Moisés y cuando Josué estaba a punto de entrar en la tierra de Canaán (que se convertiría en Israel y después el emperador romano Adriano en el año 135 d.c. la renombraría con el nombre de "Palestina" en un intento de reprimir la identificación de los judíos con la tierra), se repitió la promesa. El Señor le declaró a Josué:

> Mi siervo Moisés ha muerto; ahora, pues, levántate y pasa este Jordán, tú y todo este pueblo, a la tierra que yo les doy a los hijos de Israel. Yo os he entregado, como lo había dicho a Moisés, todo lugar que pisare la planta de vuestro pie. Desde el desierto y el Líbano hasta el gran río Éufrates, toda la tierra de los heteos hasta el gran mar donde se pone el sol, será vuestro territorio.
>
> —Josué 1:2-4

Esta posesión de la tierra no se produjo de la noche a la mañana. La Biblia narra batalla tras batalla: Jericó, Hai y Gibeon, por nombrar sólo unas pocas. Finalmente, el territorio conquistado fue parcelado y repartido entre las tribus de Israel; sin embargo, hasta este día, el pueblo judío todavía espera el cumplimiento de toda la promesa.

DIVIDIDA Y DESTRUIDA

Alrededor del año 1025 a.C., Saúl se convirtió en el primer rey de Israel, y por fin todas las tribus se unieron bajo un líder. Fue sucedido en el trono por David, que estableció Jerusalén como la capital. Bajo la casa de David, se definieron las fronteras e Israel se convirtió en una nación próspera y dominante. El hijo de David, Salomón, subió al poder y honró a Dios construyendo el primer gran templo en Jerusalén.

Pero en el año 926 a.c., Israel se convirtió en un reino fracturado cuando las diez tribus del norte (Israel) rehusaron estar bajo las órdenes del hijo de Salomón, Roboam, y se rebelaron. El sur, incluyendo la ciudad de Jerusalén, ahora era una nación propia: Judá.

Unos doscientos años después, los asirios conquistaron el reino norte de Israel; y fue sólo cuestión de tiempo hasta que Judá y Jerusalén encontraron un destino fatal.

LOS AÑOS DE EXILIO

De niño, nunca me cansaba de asistir a las clases de niños en la iglesia ortodoxa griega y oír las historias de Daniel en el foso de los leones y cómo los tres niños hebreos escaparon del horno de fuego. Estos no son cuentos de hadas ni relatos de ficción, sino que relatan uno de los periodos más lúgubres de la historia judía: los setenta años de exilio.

Los babilonios invadieron Judá por primera vez en el año 606 a.c. Fue entonces cuando el rey Nabucodonosor llevó cautivos a algunos de los jóvenes más educados y estimados a Babilonia para ser entrenados para servir en el palacio del rey. Incluidos entre los cautivos estaban Daniel (renombrado Beltsasar), Ananías (renombrado Sadrac), Misael (renombrado Mesac) y Azarías (renombrado Abed-nego) (ver Daniel 1:1-7).

Unos pocos años después, Nabucodonosor envió sus ejércitos a Jerusalén una vez más y atacó la ciudad (2 Reyes 24:10). Esa vez saquearon los tesoros del templo de Salomón y se los llevaron. No dejaron nada sin tocar. Fue una matanza en masa; todos los edificios fueron totalmente quemados y los muros de Jerusalén fueron destruidos. Miles de supervivientes fueron llevados a la cautividad en Babilonia.

El libro de las Lamentaciones detalla los horrores que tuvieron lugar durante ese periodo de devastación. De hecho, en mi conversación con judíos ortodoxos, aprendí que muchas de las lágrimas que se vierten hoy día en el muro de las lamentaciones en Jerusalén son en memoria de lo que ocurrió durante este asedio.

EXACTAMENTE SETENTA AÑOS

Una de las profecías destacadas del Antiguo Testamento tiene que ver con este exilio del pueblo judío. Dios habló a través de Jeremías muchos años antes del tiempo del exilio, prometiendo: "Cuando en Babilonia se cumplan los setenta años, yo os visitaré, y despertaré sobre vosotros mi buena palabra, para haceros volver a este lugar" (Jeremías 29:10).

¿Cómo ocurrió el cumplimiento de esta profecía? Ciro el Grande de Persia (ahora Irán) conquistó Babilonia (ahora Irak), y uno de sus primeros decretos fue autorizar el regreso de la nación judía de la cautividad babilónica a la tierra de Israel; a cambio de darle su lealtad a Persia. También decretó una orden para reconstruir el templo en Jerusalén.

La Biblia nos dice:

> En el primer año de Ciro rey de Persia, para que se cumpliese la palabra de Jehová por boca de Jeremías, despertó Jehová el espíritu de Ciro rey de Persia, el cual hizo pregonar de palabra y también por escrito por todo su reino, diciendo: Así ha dicho Ciro rey de Persia: Jehová el Dios de los cielos me ha dado todos los reinos de la tierra, y me ha mandado que le edifique casa en Jerusalén, que está en Judá.
>
> —ESDRAS 1:1-2

Este es el Dios que dijo de Ciro: "Es mi pastor, y cumplirá todo lo que yo quiero, al decir a Jerusalén: Serás edificada; y al templo: Serás fundado" (Isaías 44:28).

¿Coincidencia? ¡Yo creo que no! Las primeras piedras del

segundo templo en Jerusalén se pusieron en el año 536 a.c., exactamente setenta años después de que Judá fuera conquistada; y el templo fue edificado durante el ministerio de predicación de Hageo y Zacarías (Esdras 5:1-2; Hageo 1:1-15). Dios dijo: "La gloria postrera de esta casa será mayor que la primera" (Hageo 2:9).

RECONSTRUIR EL MURO

En el siguiente siglo, mientras Judá era todavía una provincia de Persia, un hebreo llamado Nehemías, que era copero del rey, recibió el permiso para viajar a Jerusalén para cumplir su pasión de reconstruir las ruinas del muro de la ciudad.

Aunque existía una feroz resistencia por parte de los habitantes no judíos, la restauración se terminó en el tiempo record de cincuenta y dos días. Esta hazaña impresionó tanto al rey de Persia que le permitió a Nehemías ser el gobernador de Judá durante los siguientes trece años.

EL CONFLICTO INTERMINABLE

Siglo tras siglo, los judíos repetidamente se han preguntado: "¿Alguna vez volverá a ser nuestra esta tierra que se nos prometió?".

De todas direcciones, ejércitos invasores venían a reclamar el poder y el gobierno del territorio.

En el horizonte estaban los griegos. Alejandro Magno, como parte de su conquista mundial, sitió Persia en el año 332 a.C., y con esa victoria comenzó a reinar sobre Israel. Estableció la ciudad de Alejandría en Egipto, y Judá fue controlada desde allí durante más de ciento cincuenta años.

> *Esto es lo increíble. Desde los días de Abraham, Isaac y Jacob, siempre ha habido un remanente judío continuo en esta tierra, independientemente de quién la ocupara o gobernara.*

Después, les llegó el turno a los romanos. Bajo el general Pompeyo capturaron Jerusalén en el año 63 a.c. Luego, el senado romano nombró a Herodes el Grande como rey sobre Israel. Durante el reinado de los romanos, muchos judíos fueron vendidos como esclavos y esparcidos hasta los confines del mundo conocido.

Esto es lo increíble. Desde los tiempos de Abraham, Isaac y Jacob, siempre ha habido un remanente judío continuo en esta tierra, independientemente de quién la ocupara o gobernara. Durante miles de años el pueblo judío ha hablado el mismo lenguaje hebreo y ha adorado al mismo Dios Jehová. También es significativo que la nación restaurada todavía permanezca con su nombre original: Israel.

En este capítulo, he explicado el fundamento que ha producido un compromiso inconmovible del pueblo judío con Israel. Sin embargo, en la misma tierra, nació una fuerza espiritual que iba a cambiar la humanidad.

Capítulo 6

EL LIBERTADOR PROMETIDO

HE OÍDO A ALGUNAS PERSONAS INTENTAR CULPAR DEL conflicto en el Oriente Medio al cristianismo, por lo que ocurrió con las Cruzadas. No pueden estar peor informados. Como acaba de ver tras leer este último capítulo, los problemas entre árabes y judíos comenzaron mucho antes del nacimiento de Cristo. Sin embargo, es seguro decir que el surgimiento del cristianismo ha tenido, sin lugar a dudas, un impacto sobre la región, y ciertamente sobre el mundo.

¿ERA ÉSTE EL MESÍAS?

Durante siglos, profetas y rabinos habían estado predicando que el Mesías llegaría: un descendiente del linaje de David que sería el Rey de los judíos. La siguiente lista de profecías mesiánicas incluye no sólo la referencia del Antiguo Testamento para cada profecía, sino también la referencia del Nuevo Testamento para mostrar su cumplimiento a través de Jesucristo.

- Nacería de una virgen (Isaías 7:14; Mateo 1:18).

- Su nacimiento sería en Belén (Miqueas 5:2; Mateo 2:1).
- Sería heredero del trono de David (Isaías 9:7; Mateo 1:1-17).
- Tendría una entrada triunfal en Jerusalén sobre un pollino (Zacarías 9:9; Juan 12:13-14).
- Sería traicionado por un amigo por treinta piezas de plata (Zacarías 11:12; Mateo 26:15).
- Sería acusado por testigos falsos (Salmo 27:12; Mateo 26:60-61).
- Sería escupido y golpeado (Isaías 50:6; Marcos 14:65).
- Soldados echarían suertes sobre su ropa (Salmo 22:18; Mateo 27:35).
- Sería crucificado y sus manos y pies atravesados (Salmo 22:16; Lucas 24:39-40).
- Su costado sería atravesado (Zacarías 12:10; Juan 19:34).
- Sería enterrado con los ricos (Isaías 53:9; Mateo 27:57-60).
- Sus seguidores le abandonarían (Zacarías 13:7; Marcos 14:27).
- Sería resucitado al tercer día (Oseas 6:2; Lucas 24:6-7).
- Ascendería al cielo (Salmo 68:18; Lucas 24:50-51).
- Se sentaría a la diestra del Padre (Salmos 110:1; Hebreos 1:2-3).

El Mesías —Jesucristo— *ya* apareció y cumplió todo lo que se había profetizado. Señales y maravillas acompañaron su ministerio, y la gente era atraída a Él de todos los segmentos de la sociedad, incluyendo a los oficiales romanos. Ellos querían oír lo que este rabino de Nazaret tenía que decir.

¡OH, JERUSALÉN!

No puedo contar las veces en que he estado en el monte de los Olivos, mirando Jerusalén. La belleza de la ciudad y el sentimiento de profecía que siento siempre me dejan pasmado.

Mis ojos se fijan en la puerta Oriental, que ahora está sellada y cerrada pero es la puerta por la que Jesús a menudo entraba durante su ministerio en la tierra.

Me trae recuerdos de un día cuando yo era joven e intenté caminar alrededor de Jerusalén sobre las murallas de la antigua ciudad. Comencé en la puerta de Damasco, pero cuando me acerqué a la puerta Oriental, un hombre vino corriendo hacia mí, gritándome para que me bajara.

En realidad, hubiera sido imposible que cruzara esa puerta en concreto porque estaba protegida por un alambre de púas.

Luego, después de mi conversión, comencé a estudiar las Escrituras y aprendí la importancia de la puerta Oriental en la profecía. Ezequiel escribió:

> Me hizo volver hacia la puerta exterior del santuario, la cual mira hacia el oriente; y estaba cerrada. Y me dijo Jehová: Esta puerta estará cerrada; no se abrirá, ni entrará por ella hombre, porque Jehová Dios de Israel entró por ella; estará, por tanto, cerrada. En cuanto al príncipe, por ser el príncipe, él se sentará allí para comer pan delante de Jehová; por el vestíbulo de la puerta entrará, y por ese mismo camino saldrá.
>
> —Ezequiel 44:1-3

La puerta Oriental (también llamada puerta de Oro), que fue sellada por los árabes en el año 810 d.C.[1], permanecerá cerrada hasta que el Príncipe de Paz —el Señor Jesucristo— regrese. Cada vez que estoy en el monte de los Olivos, me imagino lo que debió de haber sido en tiempos de Jesús. La población en ese entonces era de unos veinticinco mil, pero aumentaba cuatro o cinco veces ese número durante la Pascua o cuando se celebraban las grandes fiestas sagradas. La clase obrera vivía en la ciudad baja y los ricos residían en sus hogares de mármol en la ciudad alta o Sión.

Jerusalén estaba bajo el dominio romano, y es irónico que durante el tiempo en que reinaba Herodes el Grande sobre Judea (37-4 a.C.), él restaurase generosamente Jerusalén, la ciudad de David, como nadie lo había hecho desde que lo hizo Salomón. El segundo templo fue reconstruido y ampliado, y se llevaron a cabo grandes proyectos de remodelación.

Esta restauración fue para mejorar la reputación de Herodes y su legado, y ciertamente no porque les tuviera algún tipo de aprecio a los judíos.

"¿ERES TÚ EL HIJO DE DIOS?"

Durante los tres años del ministerio de Jesús, Judea estaba en un periodo de tranquilidad política. Sin embargo, debido al mensaje que Él predicaba, toda la región estaba en una agitación espiritual.

Los líderes religiosos de la época se burlaban de la idea de que ese pudiera ser el verdadero Mesías. Había una crítica constante por parte de los fariseos (hombres comunes que conocían las escrituras hebreas) y los saduceos (los que controlaban el oficio de sumo sacerdote y tenían posiciones privilegiadas gracias a su herencia y conexiones políticas).

A la vez, los discípulos y los que fueron tocados por su ministerio sabían que realmente Él era el Hijo de Dios; y sus vidas serían transformadas para siempre.

Los relatos de Mateo, Marcos, Lucas y Juan detallan el arresto de Jesús y su comparecencia ante el sanedrín, una asamblea de jueces judíos. El sacerdote principal y los líderes le preguntaron a Jesús: "¿Luego eres tú el Hijo de Dios?" (Lucas 22:70).

Cuando Él respondió: "Vosotros decís que lo soy", le acusaron de blasfemia y le llevaron ante el gobernador romano, Poncio Pilato. Como el público gritaba y presionaba, Pilato sintió que no tenía otra opción salvo ordenar la muerte de Jesús.

Fue asesinado según la tradición de los romanos: clavado brutalmente a una cruz de madera sin refinar. Sin embargo, en el plan divino de Dios para redimir al hombre, ese no era el final de la historia. Después de tres días, se levantó de la tumba y apareció ante los discípulos y muchos otros durante los siguientes cuarenta días (Juan 20:19; 1 Corintios 15:4-8).

LA PROMESA

Antes de ascender de nuevo al Padre, Jesús les dio esta comisión a sus seguidores: "Por tanto, id, y haced discípulos a todas las naciones, bautizándolos en el nombre del Padre, y del Hijo, y del Espíritu Santo; enseñándoles que guarden todas las cosas que os he mandado" (Mateo 28:19-20).

También les dijo a los creyentes que esperasen en Jerusalén "la promesa del Padre, la cual, les dijo, oísteis de mí. Porque Juan ciertamente bautizó con agua, mas vosotros seréis bautizados con el Espíritu Santo dentro de no muchos días" (Hechos 1:4-5).

Las últimas palabras del Señor antes de ser ascendido al cielo fueron estas: "pero recibiréis poder, cuando haya venido sobre vosotros el Espíritu Santo, y me seréis testigos en Jerusalén, en toda Judea, en Samaria, y hasta lo último de la tierra" (Hechos 1:8).

Ante sus mismos ojos, Jesús ascendió al cielo.

"¿QUÉ SIGNIFICA ESTO?"

Ciento veinte discípulos y seguidores estaban reunidos en el aposento alto, orando y esperando a que se cumpliera la promesa. ¡No fueron decepcionados! La Biblia nos dice que en el día de Pentecostés:

> Y de repente vino del cielo un estruendo como de un viento recio que soplaba, el cual llenó toda la casa donde estaban sentados; y se les aparecieron lenguas repartidas, como de fuego, asentándose sobre cada uno de ellos. Y fueron todos llenos del Espíritu Santo, y comenzaron a hablar en otras lenguas, según el Espíritu les daba que hablasen.
>
> —HECHOS 2:2-4

Este derramamiento salpicó las calles de Jerusalén. En ese momento, la ciudad estaba repleta de gente de muchas naciones que estaban celebrando la fiesta judía. Cuando ese grupo tan variopinto de extranjeros oyó que los seguidores galileos de Jesucristo estaban hablando en el lenguaje nativo de cada uno, se sorprendieron mucho y preguntaron qué significaba aquello.

Pedro se levantó ante ellos y explicó cómo eso era el Espíritu profetizado por Joel (Joel 2:28-32). Tras predicar un mensaje de arrepentimiento, hubo tres mil convertidos (Hechos 4:4). Unos días después, cinco mil personas aceptaron a Cristo como su Salvador (Hechos 4:4). Esta fue la plataforma de lanzamiento de la iglesia del Nuevo Testamento.

PRUEBAS Y TRIBULACIÓN

Casi inmediatamente, comenzó la persecución. Mientras Pedro y Juan estaban orando por los enfermos y compartiendo a Cristo, fueron arrestados por los saduceos, que intentaban hacer que estos discípulos prometieran que nunca más volverían a hablar de Jesús públicamente, a lo cual ellos se negaron en rotundo.

Un poco después, un líder de la iglesia llamado Esteban valientemente proclamó a Cristo y fue llevado ante el concilio judío en Jerusalén. A pesar de que presentó una gran defensa del evangelio, fue llevado a las afueras de la ciudad, donde fue apedreado hasta la muerte. Había un testigo ocular de esta escena llamado Saulo, quien "asolaba la iglesia, y entrando casa por casa, arrastraba a hombres y a mujeres, y los entregaba en la cárcel" (Hechos 8:3).

Debido a la creciente oposición en Jerusalén, los discípulos comenzaron a viajar a otras localidades para compartir el mensaje transformador de Cristo, sitios como Gaza, Damasco y Samaria. Un furioso Saulo estaba plenamente preparado para perseguir a esos leales seguidores de Cristo por cualquier parte, y obtuvo cartas de arresto antes de dirigirse a Damasco.

Cuando se acercaba a su destino, este fariseo tuvo una visión. Una luz del cielo de repente lo rodeó, y Jesús le ordenó que dejara de perseguir a su pueblo. Saulo tuvo una conversión maravillosa y pasó el resto de su vida predicando el mensaje que en otro tiempo menospreciaba y odiaba. Su nombre se cambió de Saulo a Pablo: el gran misionero que escribió dos tercios del Nuevo Testamento.

¿SÓLO PARA JUDÍOS?

Cuando yo era un niño, solía jugar con mis amigos por el paseo marítimo de Jaffa cerca de la casa del primer siglo de Simón el curtidor, del cual habla el libro de Hechos de los Apóstoles.

Fue ahí, en el tejado de esa casa, donde Pedro también tuvo una visión. Vio los cielos abiertos y algo que parecía un gran lienzo que descendía delante de él. En él había todo tipo de animales, reptiles y aves, y una voz le dijo: "Levántate, Pedro, mata y come" (Hechos 10:13).

Como judío que era, Pedro nunca antes había comido algo que no fuera kosher —aprobado por las leyes judías alimenticias—, así que se resistió a la idea.

La voz habló por segunda y tercera vez: "Si Dios dice que está permitido, ninguna otra cosa importa"; y el lienzo volvió a subir al cielo.

Unos días antes de la visión de Pedro, a unas treinta millas al norte en la ciudad de Cesarea, un capitán de la guardia romana también tuvo un encuentro espiritual. Su nombre era Cornelio: un buen hombre que adoraba a Dios.

Cornelio fue dirigido por un ángel a que enviara hombres a Jope y preguntaran por Simón Pedro. El ángel le dijo a Cornelio que Pedro le diría lo que tenía que hacer a continuación.

Los hombres localizaron a Pedro, y al día siguiente él (y otros seis seguidores de Cristo) viajaron con ellos a la casa de Cornelio. Cuando Pedro fue presentado ante la gente que se había reunido, dijo: "Vosotros sabéis cuán abominable es para un varón judío juntarse o acercarse a un extranjero; pero a mí me ha mostrado Dios que a ningún hombre llame común o inmundo" (Hechos 10:28).

Allí, por primera vez, fue predicado el mensaje de que Cristo vendría a redimir tanto a judíos como a gentiles. No había ninguna discriminación a ojos de Dios.

La Escritura relata cómo Cornelio y todos los allí presentes recibieron a Cristo, fueron llenos del Espíritu y comenzaron a hablar en lenguas, glorificando a Dios.

"CUALQUIERA QUE LO DESEE"

Los judíos creyentes que habían acompañado a Pedro, a duras penas podían creer lo que estaba ocurriendo. Después, el apóstol preguntó: "¿Existe alguna razón por la que estas personas no puedan ser bautizadas en agua?". Como no hubo objeciones, los nuevos convertidos fueron bautizados.

Eso zanjó una de las disputas de la época: si un creyente gentil (no judío) tenía primero que hacerse judío antes de poder ser un seguidor de Cristo. No era necesario; la salvación estaba abierta a "cualquiera que lo desee".

Volviendo a Jerusalén, Pedro rápidamente descubrió que las noticias de lo que había sucedido habían llegado antes que él, y fue bombardeado a preguntas. Querían saber cómo pudo asociarse y tener comunión con los que no estaban circuncidados. Sin embargo, cuando Pedro contó toda la historia de su visión y lo que ocurrió en la casa de Cornelio, ellos entendieron y comenzaron a alabar a Dios, diciendo que Dios había ofrecido la salvación a los gentiles (Hechos 11:18).

Recuerde que, en ese momento, los primeros convertidos sólo estaban compartiendo a Cristo con el pueblo judío; pero ahora todo cobró una nueva luz.

En la próspera ciudad siria de Antioquía, el evangelio fue predicado a los griegos por primera vez. Ellos eran una parte importante de la población. La Biblia nos cuenta cómo la mano del Señor estaba con ellos, y mucha gente se volvió al Señor como resultado de su predicación.

Pablo y Bernabé pasaron todo el siguiente año estableciendo una iglesia fuerte allí; y fue allí donde a los creyentes se les llamó "cristianos" por primera vez (Hechos 11:26).

Después de Antioquía, Pablo llevó el mensaje a Asia menor (la actual Turquía), Grecia y muchos otros lugares. Las cartas que escribió a las nuevas congregaciones trajeron orden a la iglesia.

EXCOMUNIÓN TOTAL

En mis viajes, conozco a muchos que hablan sobre el hecho de que el cristianismo es una de las mayores religiones del mundo, pero pasan por alto el hecho de que comenzó como una secta judía.

De joven, incluso viviendo en Israel, también yo ignoraba eso. Recuerdo el día en mi escuela católica cuando entré en una acalorada disputa con un chico de mi clase que me dijo: "Jesús era judío. María era judía, y los que escribieron la Biblia eran judíos".

Yo me enojé con él porque eso era contrario a lo que yo pensaba. Oyendo la historia de Jesús de las monjas, llegué a la conclusión de que Él no sólo era cristiano, sino también católico. Justamente después de ese encuentro, corrí a casa y le dije a mi padre: "Tengo que hacerte una pregunta. ¿Jesús era judío? ¿María era judía?".

"Sí", me respondió.

Fue la mayor sorpresa de mi vida, y de nuevo me quedé anonadado cuando asistí a las clases de catequesis en la iglesia ortodoxa griega en Jaffa y nuestro sacerdote, el querido Padre Gregorios leyó una porción del evangelio de Mateo que incluía las palabras "la tierra de Israel".

> **Sí, Jesús era judío, y también todos los discípulos originales. Los seguidores de Cristo abrazaron el antiguo pacto y adoptaron muchas costumbres judías.**

Mis oídos se reanimaron. Pensé: "¿Qué hace Israel en la Biblia?".

Incluso a esa temprana edad, fue una llamada de atención para mí que vivía en esa tierra —y entre esa gente— que estaba en el mismo corazón de las Escrituras.

Sí, Jesús era judío, y también todos los discípulos originales. Los seguidores de Cristo abrazaron el antiguo pacto y adoptaron muchas costumbres judías. Creían en Yahvé —el Dios de Israel— como el único Dios. Sin embargo, lo que enfureció más a los judíos, fue su proclamación de que Jesús era el Mesías profetizado.

Como se puede imaginar, el mensaje predicado por los apóstoles llevó a la iglesia a un conflicto directo con las autoridades y líderes judíos. Finalmente fueron excomulgados de todas las sinagogas.

Al principio, la mayoría de los hostigamientos provenían de los judíos, pero a partir del año 64 d.C. Roma ordenaría persecuciones a gran escala tanto de cristianos como de judíos; y siguieron durante más de doscientos años.

El conflicto fue inevitable, ya que la gente de Roma adoraba a dioses como el sol y la luna, la mitología, animales, objetos materiales y varias versiones de cultos que traían de sus expediciones. Consideraban a los cristianos unos criminales porque no honraban a los emperadores como dioses terrenales, lo cual era obligatorio por ley.

Los primeros cristianos no tenían problema con darle honor a quien lo mereciera (Romanos 13:7), pero la adoración estaba reservada única y exclusivamente para Dios.

MÁS FUERTES QUE LA ESPADA

Bajo el tirano romano Nerón, los cristianos fueron crucificados en grandes números, incluso arrojados a los leones y a otras bestias salvajes como formas de deporte y entretenimiento.

Los seguidores de Cristo no eran los únicos que sentían la dura oposición. En el año 66, hubo una gran rebelión del pueblo judío en Judea, la cual produjo rápidas y severas represalias. El resultado fue que los romanos destruyeron el segundo templo en Jerusalén.

En Masada, la fortaleza con vistas al Mar Muerto, una banda de judíos luchando por su libertad hizo una última oposición contra los romanos. En el año 73, cuando era obvio que el fin era inevitable, esos defensores eligieron el suicidio colectivo antes que la ocupación romana.

Yo he estado en Masada varias veces, y siempre me conmueven los heroicos eventos que ocurrieron allí. Algunos dicen que la historia es un mito, pero la evidencia arqueológica demuestra lo contrario.

Durante esos años, cientos de miles de personas que vivían en Judea fueron o bien asesinadas o llevadas a Roma. ¿Aplastó eso la dispersión del evangelio? ¡Todo lo contrario! El mensaje de Cristo fue más allá del arte y la filosofía de Grecia o de la espada de Roma. Lo que Jesús enseñó tenía autoridad moral: hablaba de fe, esperanza y amor. Se trataba de una renovación personal, de ser limpiado del pecado y de identificarse con Cristo que murió y resucitó, y de la promesa del cielo.

Además, había otros factores funcionando que ayudaron a esparcir la historia de la redención a través de Cristo por todo el mundo. La anchura y amplitud del imperio romano permitió que el cristianismo creciera vertiginosamente. Como el griego era el lenguaje empresarial y de comercio en esos tiempos, y los escritos del Nuevo Testamento estaban en griego, las palabras de Cristo se leyeron por todas partes.

CONTINÚA LA PERSECUCIÓN

En muchas naciones, me tropiezo con barreras para predicar el evangelio, pero no es nada en comparación a lo que afrontaron los seguidores de Cristo del primer siglo. No obstante, a pesar de la constante persecución, los primeros creyentes siguieron predicando el evangelio y enseñando la Palabra de Dios.

Estos fieles hombres de Dios dieron sus vidas por el evangelio:

- Esteban fue sacado a las afueras de Jerusalén y apedreado hasta la muerte.
- Santiago, el hermano de Juan, fue asesinado cuando Herodes Agripa llegó como rey de Judea.

- Mateo estaba predicando en Etiopía cuando fue martirizado con una alabarda.
- Marcos fue arrastrado hasta morir por adoradores de ídolos en Alejandría, Egipto.
- Lucas fue colgado en un olivo por sacerdotes idólatras en Grecia.
- Felipe fue encarcelado y después crucificado.
- Santiago, el hermano de Jesús, fue golpeado y apedreado hasta la muerte.
- Andrés fue arrestado y crucificado mientras predicaba en Grecia.
- Matías, el apóstol escogido para reemplazar a Judas Iscariote, fue apedreado y luego decapitado.
- Tomás fue asesinado con una lanza mientras estaba en un viaje misionero en la India.
- Pedro fue condenado a muerte y crucificado en Roma.
- Pablo fue torturado y decapitado por Nerón en Roma.
- Bartolomé fue cruelmente golpeado con un látigo y luego crucificado.
- Judas rehusó negar su fe en Cristo y fue crucificado.
- Juan, que sufrió una tremenda persecución, escribió su profético libro de Apocalipsis mientras estaba exiliado en la prisión de la isla de Patmos. Él es el único apóstol que vivió su vida completa y murió en paz.[2]

El cristianismo, de hecho, creció bajo la persecución. De Egipto a Asia, grupos de creyentes se reunían y proclamaban la Palabra de Dios.

En muchas naciones, me tropiezo con barreras para predicar el evangelio, pero no es nada en comparación a lo que afrontaron los seguidores de Cristo del primer siglo.

UNA SEÑAL DE LO ALTO

Ahora viene uno de los cambios más increíbles de la historia. Tras más de trescientos años de líderes romanos que tenían cero respeto por quienes confiaban en el único Dios, ocurrió lo impensable. En lo que muchos creen ser un milagro, un hombre llamado Constantino no sólo se alzó con el liderazgo sino que abrazó la fe cristiana.

Durante sus primeros años, Constantino adoraba el sol, pero justamente antes de una gran batalla, tuvo una visión en la que Cristo mismo le dijo que grabara las primeras dos letras de la palabra griega *Christos*, X *(Ji)* y P *(ro)*, en los escudos de todos sus guerreros. A la mañana siguiente, cuando sus ejércitos se preparaban para ir a la batalla, los historiadores cuentan cómo él vio una cruz en el cielo con el mensaje: "En esta señal vencerás"[3].

Tras el conflicto, en el que ganaron los ejércitos de Constantino, él atribuyó el mérito a la señal de la cruz y el monograma de Cristo, XP, por darle la victoria. Desde ese día en adelante, Constantino se convirtió en un apoyo tremendo de la iglesia y fue una fuerza activa que hizo que muchos aceptaran a Cristo a lo largo y ancho de todo su imperio.

Constantino, que reinó del año 306 al 337, construyó la nueva capital del imperio romano en Bizancio. Tenía una arquitectura cristiana, iglesias dentro de los muros de la ciudad, y no había templos paganos. A la ciudad, finalmente la renombraron con su mismo nombre: Constantinopla. Hoy la conocemos como Estambul.

UN LEGADO DURADERO

Desde mi infancia en Tierra Santa, he visitado la iglesia de la Natividad en Belén muchas veces, e incluso he grabado mi programa de televisión desde ese lugar histórico. Cuando era un muchacho, mi tío me llevó allí para ver el lugar del pesebre donde nació Jesús. Todavía recuerdo bajar por una cueva y ver las calaveras de innumerables niños muertos que fueron asesinados por Herodes cuando iba buscando al Cristo (ver Mateo 2:16).

La iglesia fue establecida cuando la madre de Constantino, Helena, visitó el lugar del nacimiento de Jesús en el año 332; y ha sido declarada como la iglesia continuamente operativa más antigua del mundo. Fue durante ese periodo que muchos de los lugares santos de Jerusalén fueron restaurados.

Durante el reino de Constantino, la iglesia católica se desarrolló, y la primera basílica de San Pedro fue construida en Roma. En ese tiempo, había numerosas controversias y debates doctrinales. En el año 325, Constantino organizó el Concilio de Nicea, donde se declaró que Jesús era Dios. Él es divino, al igual que el Padre y el Espíritu Santo son divinos. Los tres son iguales.

La influencia de Constantino perduró hasta mucho después de su muerte, y en el año 380 el cristianismo se convirtió en la religión oficial del imperio romano.

Habiendo sido educado en la iglesia ortodoxa griega, puedo decirle que Constantino es considerado como un santo hasta este día.

¿QUÉ NOS DEPARARÍA EL FUTURO?

En su zenit, el imperio romano era vasto: extendiéndose desde Bretaña hasta el norte de África, desde la costa del Atlántico hasta Siria y Turquía; y antes de su declive (durante el siglo V) muchos se hicieron cristianos bajo su dominio.

La caída del imperio romano se ha atribuido a muchas causas, desde conflictos políticos internos hasta decadencia moral. En el horizonte, sin embargo, había un movimiento que dejaría una marca indeleble en el Oriente Medio.

Una religión y fuerza política que barrería el mundo árabe estaba a punto de levantarse desde las arenas de Arabia Saudita.

Capítulo 7

DESDE LAS ARENAS DE ARABIA

MUCHOS SE SORPRENDIERON DE VER EL TITULAR EL 12 de enero de 2006, que decía: "Mueren 362 peregrinos pisoteados en La Meca".[1] A otros les sorprendió que el número no fuera mucho mayor, considerando que cada año cerca de dos millones de musulmanes acuden en aviones chárter, autos y camellos al lugar más santo del islam. La aglomeración de la multitud, combinado con su fervor y fuerte emoción, a menudo es algo fuera de control.

De mis conversaciones con musulmanes, le puedo decir que esas personas no viajan a La Meca por curiosidad; es uno de los cinco pilares del islam que todo musulmán debe observar:

1. Creer en la unicidad de Dios y que Mahoma es su profeta

2. Orar diariamente (cinco veces al día)

3. Dar a los necesitados

4. Ayunar durante las horas diurnas en Ramadán

5. Ir de peregrinación a La Meca, si puede

En un viaje reciente a Jordania, tuve una visita muy reveladora con un musulmán que había terminado lo que se llama el *hajj*: una palabra árabe que significa peregrinaje a La Meca. Le pregunté: "¿Por qué era eso tan importante para ti?".

Me respondió: "A menos que seas musulmán, no podrás entender la satisfacción personal que conlleva hacer ese viaje". Luego describió varios de los rituales, incluyendo caminar siete veces alrededor de la *Kaaba* —un edificio cuadrado que es el centro del mundo musulmán— y la "lapidación del diablo", donde los peregrinos literalmente arrojan siete piedras a tres paredes para simbolizar la derrota del mal.

LA LARGA HISTORIA DE LA MECCA

Esta ciudad, situada a unas cincuenta millas hacia el interior desde el Mar Rojo en la Arabia Saudí occidental, ha sido un destino deseado de peregrinos durante cientos de años. Sin embargo, al principio, no fue el islam la primera atracción. En los siglos V y VI, la ciudad oasis de Meca era un centro de adoración pagano. De hecho, la Kaaba, una gran estructura de granito con forma de un cubo, en un tiempo albergaba ídolos esculpidos y era un lugar de sacrificio para sus muchos dioses. Incluso entonces, la gente hacía una caminata anual a ese lugar.

En ese entonces, muchas tribus diferentes poblaban la península de Arabia, y varias albergaban grandes hostilidades entre ellas. Arabia estaba situada entre dos grandes potencias. Al norte y al oeste estaba el imperio Bizantino (Asia Menor, Egipto, Siria y partes de Europa), que tenían un cristianismo ortodoxo, y al este estaba el imperio Persa: desde Irán hasta Afganistán.

Además de los paganos, Arabia era el hogar de muchas comunidades judías y cristianas que habían huido de la primera persecución romana. De hecho, algunos de sus vecinos eran predominantemente cristianos, incluyendo Etiopía al otro lado del Mar Rojo.

COMIENZO TRANQUILO

La razón por la cual La Meca es tan venerada por el mundo musulmán hoy día es por ser el lugar de nacimiento de Mahoma: el profeta del islam (que nació en el año 570). Como su padre murió antes de que él naciera y su madre murió cuando tenía seis años, fueron sus familiares los que criaron a Mahoma.

La historia islámica cuenta que era un mercader que se desencantó de los negocios de la vida y a menudo se retiraba a una cueva en las montañas a meditar. Tenía cuarenta años de edad cuando recibió lo que llamó su primer "mensaje" de Alá; y según él, esas visitas continuaron de vez en cuando durante un periodo de unos veintitrés años.

En Meca, su mensaje espiritual al principio cayó en saco roto y produjo muy pocos convertidos. Sin embargo, hubo algunos que creyeron; algunos incluso comenzaron a memorizar sus mensajes. Como Mahoma no sabía escribir, sus seguidores comenzaron a escribir sus palabras en hojas de palmera, pieles de animales o cortezas de árbol. Estos escritos estuvieron compilados y luego se convirtieron en lo que hoy se conoce como el Corán (Quran). La palabra *quran*, la cual se interpreta como "recitación", contiene 114 capítulos conocidos como suras.

CIUDADANOS NERVIOSOS

En el año 622, acompañado de sesenta familiares, Mahoma fue a Medina, una ciudad oasis a doscientas millas al norte. Se convirtió en un predicador bien recibido, líder y juez, tratando asuntos sociales y gubernamentales.

En esa nueva ciudad, había enclaves significativos de judíos y cristianos que, al principio, aceptaron sus enseñanzas. A fin de cuentas, proclamaba que la Torá de Moisés, los salmos de David y los Evangelios escritos de Jesús eran escritos divinamente inspirados. Además, algunas de sus instrucciones a los musulmanes estaban en consonancia con las prácticas judías, incluyendo el mirar a Jerusalén mientras se oraba.

Sin embargo, cuanto más escuchaban los ciudadanos, más nerviosos se ponían. Sí, veneraba los escritos sagrados del judaísmo y del cristianismo, pero, para él, el Corán estaba por encima de todo. Sus seguidores declaraban: "Alá es el único Dios y Mahoma su profeta".

Las enseñanzas de Mahoma se convirtieron en el fundamento para un sistema de creencias religiosas conocido hoy como el islam. La verdadera definición de la palabra *islam* significa "sumisión": rendirse totalmente a Alá, mientras que *musulmán* significa "el que se somete".

El concepto de sumisión se enseñó mucho antes de Mahoma. Es uno de los principios de la fe cristiana. Como cristiano nacido de nuevo, creo en rendirse al Padre, al Hijo y al Espíritu Santo (Mateo 28:19).

DECLARACIONES DESCONCERTANTES

Cuando los judíos de Medina rechazaron sus enseñanzas, Mahoma cambió su visión y ordenó a sus convertidos que comenzaran a orar en dirección a La Meca, una práctica que continúan hasta el día de hoy.

Los cristianos también se quedaron perplejos por sus palabras, aunque había muchas referencias a Jesús. Sin embargo, él no creía que el Hijo de Dios era igual al Padre. Eso era una contradicción directa con las creencias bíblicas tanto de los católicos griegos como romanos. Él enseñaba que Jesús era tan sólo uno más en una larga línea de profetas, de los cuales él, Mahoma, era el último y definitivo.

MARCHA EN LA MECA

Dos años después de trasladarse a Medina, ocurrió un punto de inflexión clave en el islam. Una caravana de La Meca amenazaba su ciudad, especialmente porque un ejército de mil hombres la acompañaba. En un oasis llamado Badr, los musulmanes, sobrepasados en número, derrotaron a los de La Meca, y como resultado, creyeron que Alá estaba de su lado. La batalla se menciona en el Corán.

Esa victoria dio a Mahoma una nueva estatura a ojos de su ciudad natal, y anhelaba volver a la ciudad de su nacimiento para "limpiarla" de su impío pasado.

En enero del año 630, reunió un ejército de diez mil hombres y valientemente marcharon hacia La Meca. No obstante, no hubo ninguna batalla, ya que cuando la gente de la ciudad vio la magnitud de sus fuerzas, se postraron de rodillas y él entró sin oposición alguna. Uno de sus primeros actos fue entrar en el lugar sagrado de Kaaba y destruir los cientos de ídolos paganos.

Cuando Mahoma murió en el año 632, había más de cien mil seguidores del islam. Desde ese entonces en adelante, se escribieron meticulosamente copias del Corán en pergaminos y se llevaron allá donde se extendía el islam. Los árabes lo aceptaron especialmente, ya que estaba escrito en su lengua natal.

LA GRAN DIVISIÓN

Debido a las actuales noticias generadas por los problemas internos en Irak, frecuentemente me preguntan: "¿Cuál es la diferencia entre un musulmán chií y un suní?".

Para la mayoría de la gente occidental, todos los musulmanes son iguales, pero en todas las religiones hay denominaciones y divisiones basadas en diferencias doctrinales o históricas. El islam no es diferente.

La respuesta para el problema chií-suní se puede remontar a la fundación del islam. La separación surgió de preguntas concernientes a la sucesión: ¿Quién debía dirigir el islam tras la muerte de Mahoma? Como él no tenía hijos, hubo acaloradas discusiones y debates con relación al tema. Finalmente, los ancianos decidieron que el líder (califa) del islam debía ser el mejor amigo de Mahoma, un hombre llamado Abu Bakr.

> *Para la mayoría de la gente occidental, todos los musulmanes son lo mismo, pero en todas las religiones hay denominaciones y divisiones basadas en diferencias doctrinales o históricas. El islam no es diferente.*

Eso encendió inmediatamente una lucha entre los que creían que el primo del profeta y yerno, Ali ibn Abi Talib, era el legítimo heredero.

EL ENFRENTAMIENTO FINAL

La palabra *suní* significa "uno que sigue el *suna*": lo que enseñó Mahoma. El término fue aplicado a Abu Bakr. *Chií* proviene de "Shiat Ali", que significa "partidarios de Ali".

Todo terminó en un enfrentamiento final en el año 656 con el comienzo de una guerra civil en Basra (ahora en Irak) entre suníes y chiíes. El conflicto, ganado por Alí (chiíes), marcó una separación permanente en la que cada parte creó su propia línea de sucesión, marcando más el antagonismo.

EL CONFLICTO CONTINÚA

Con el paso del tiempo, los suníes fueron consiguiendo cada vez más militantes y conquistaron muchas naciones. Se les percibía como "dominantes", mientras que los chiíes se veían a sí mismos como "sufridores". Algunos creen que, en parte, esto explica cómo Saddam Hussein (un suní) pudo gobernar a la población de Irak que es mayormente chií.

Hoy día, la rama suní del islam es aceptada por el 80 por ciento de los musulmanes del mundo. Por ejemplo, los doscientos millones de personas en Indonesia son una mayoría aplastante de musulmanes suníes, mientras que ocurre lo contrario en Irán. Allí, aproximadamente el 90 por ciento son chiíes; no obstante, en su país vecino, Arabia Saudí, la vasta mayoría son suníes.[2]

SE EXPANDE EL ISLAM

Tras la muerte de Mahoma hubo un rápido expansionismo militar, pero la verdadera expansión del islam fue cultural. Tras invadir una ciudad, los vencedores musulmanes les daban regalos a los antiguos líderes y amnistía a los que lucharon contra ellos.

En vez de imponer duras demandas para que la gente se convirtiera, mantenían la paz a la vez que empleaban varios métodos para hacer que la gente escogiera el islam. Por ejemplo, a menudo se ponían unos impuestos muy altos para todos aquellos que no fueran musulmanes.

Como puede imaginar, muchos judíos y cristianos nominales se convirtieron por razones económicas, y algunos sólo para estar en el lado de los vencedores. El lenguaje árabe se impuso, y el Corán se tenía que leer como un libro de instrucción.

LA CÚPULA DORADA

Si ha visitado alguna vez Jerusalén, uno de los primeros edificios que llama la atención es la Cúpula de la Roca. Es imposible no verla, con su rica cúpula dorada brillando bajo el cielo azul intenso. He llevado muchos amigos a ese lugar, y siempre les sorprende su esplendor.

Los musulmanes conquistaron Jerusalén en el año 637 (cinco años después de la muerte de Mahoma), y uno de los sueños de su sucesor era construir un lugar sagrado para el islam en la Ciudad Santa. Bajo el líder musulmán Abd al-Malik, se terminó la Cúpula de la Roca en el Monte del Templo en el año 691.

Fue diseñada para ser más prominente que la iglesia del Santo Sepulcro (reconstruida durante el reinado de Constantino). La localización es significativa por dos razones. Primero, el Monte del Templo se cree que es la piedra angular del monte Moria, el lugar donde Abraham estuvo dispuesto a sacrificar a su hijo Isaac. Para los musulmanes, eso es simbólico, colocando a Mahoma en el linaje de Abraham. Según su tradición, él fue descendiente a través del hijo de Ismael, Cedar.

Segundo, los seguidores del islam creen que desde ese sitio Mahoma ascendió al cielo.

La cúpula que corona ese lugar sagrado fue hecha originalmente de cien mil monedas de oro que fueron derretidas, pero después fue reemplazada con cobre, luego aluminio, y ahora está cubierta de hojas de pan de oro, lo cual fue un regalo del difunto rey Hussein de Jordania.

Prácticamente dondequiera que mire, verá mosaicos y platos de cobre con inscripciones en árabe alabando al islam.

¿SE EXTINGUIRÁ EL FUEGO?

El haber crecido en el área me trae recuerdos tanto de la Cúpula de la Roca como de la Iglesia del Santo Sepulcro. Todavía puedo recordar el día en Jaffa cuando mi padre, Constandi, me llevó con él y me dijo:

—Benny, mañana va a ser un día especial para ti.

—¿Por qué?—le pregunté con curiosidad.

—Bueno, como sabes—continuó mi padre—, cada año, las iglesias de nuestra zona escogen representantes para viajar a Jerusalén el 'Sábado de Fuego Santo', y el sacerdote me preguntó si quieres acompañarme.

Mi padre había hecho el viaje varias veces con anterioridad.

Yo había ayudado con las ceremonias religiosas de nuestra iglesia ortodoxa griega de San George, pero nunca esperé en mis sueños más locos que tuviera tal honor.

El propósito del viaje era recuperar la Luz Santa: un fuego que se dice que aparece milagrosamente dentro de la tumba de Cristo una vez al año para marcar la resurrección.

"¡SEÑOR, TEN PIEDAD!"

Era un sábado por la mañana temprano cuando salimos de casa conduciendo hasta la iglesia ortodoxa griega en el Jerusalén occidental. Asistían representantes de todas las partes de Israel.

Por favor, entienda que durante esos años los ciudadanos israelíes no podían ir a la iglesia del Santo Sepulcro: el lugar de la tumba de Jesús. Esto fue antes de la Guerra de los Seis Días de 1967, y la iglesia estaba situada en el Jerusalén oriental sobre una tierra que pertenecía a Jordania, aún en estado de guerra con Israel.

Mientras esperábamos, el tan ansiado evento se estaba celebrando. Era el día en que se creía que aparecía fuego del cielo en el Santo Sepulcro, como había ocurrido durante siglos.

Cuando el patriarca y su séquito entran en la basílica, la aglomeración de gente es sorprendente. Quizá ha visto alguna retransmisión de esta celebración en la televisión nacional. Miles de seguidores sostienen velas con gran expectación. A mediodía las luces se apagan, y el patriarca entra en la tumba para esperar la Luz Santa.

A medida que se acerca el momento, la gente comienza a cantar en voz alta: "¡Señor, ten piedad! ¡Señor, ten piedad!".

EL PASO DEL FUEGO

Dentro del sepulcro, en cierto momento, se dice que la Luz Santa brilla sobrenaturalmente desde dentro de la tumba. Enciende una pequeña lámpara de aceite de oliva colocada cerca. Tras leer unas oraciones, el patriarca usa la lámpara para iluminar dos grupos de treinta y tres velas.

Cuando él sale de la tumba hay una gran alegría. Las campanas comienzan a sonar, y se celebra la resurrección de Cristo con el paso del fuego; primero para los representantes oficiales de las iglesias ortodoxa y armenia, y luego para la multitud allí congregada.

Dicen que la luz divina tiene un color azulado, y en los primeros momentos de su aparición, los sacerdotes dicen que no quema ni las manos ni la cara. Cada año, varios peregrinos dicen que varias velas se encienden repentinamente de manera espontánea.

En un momento específico, nos fuimos a la militarmente custodiada Puerta de Mandelbaum que separaba el este y el oeste de Jerusalén, esperando a que el Fuego Santo pase desde el otro lado.

Ese momento fue especialmente significativo para mi padre y para mí, porque esperando al otro lado de la frontera de alambres con púas estaba mi tío Michael, que siempre viajaba de Ramala para la ocasión.

DEMASIADO EMOCIONADO PARA ESTAR CANSADO

A lo lejos, podíamos ver a los peregrinos caminando hacia nosotros con sus velas encendidas, listos para transferir la Luz Santa a la gente que llevaría la llama a sus iglesias para Semana Santa.

Cada iglesia tenía lámparas de aceite especiales que mantendrían la luz encendida todo el año. Luego, justamente antes de Semana Santa, apagarían la luz de resurrección y luego encenderían nuevamente las lámparas de aceite el domingo de Semana Santa con fuego nuevo para otro año.

En el camino de vuelta a Jaffa, la gente nos esperaba pacientemente en ciudad tras ciudad con sus velas apagadas; lugares como Remla y Lod. Yo me sentía honrado. Uno de los hombres en el viaje dijo: "Benny, eres el único niño en Israel que lleva el Fuego Santo a las iglesias".

Cuando mi padre y yo finalmente llegamos a casa después de los eventos del día, yo estaba demasiado emocionado para estar cansado. Además, al día siguiente era Semana Santa. Cuando me senté en la iglesia, viendo las luces parpadeantes en las lámparas de aceite, oré: "Gracias, Señor, por permitirme llevar el Fuego Santo".

EL SEPULCRO DESTRUIDO

Hay dos razones por las que comparto esta historia. Primero, por el impacto personal que tuvo en mi juventud; y segundo, porque la iglesia del Santo Sepulcro —y lo que ocurrió en ese lugar cerca de mil años atrás— fue la llama que muchos historiadores apuntan como lo que inició la era conocida como las "Cruzadas".

Recuerde que los musulmanes tomaron Jerusalén en el año 637, y la mayoría de los lugares sagrados, ya fueran judíos o cristianos, habían permanecido intocados. Esto duró varios siglos hasta octubre de 1009, cuando un líder musulmán llamado Al-Hakim bi-Amr Allah declaró una guerra total contra los ciudadanos no islámicos. En particular, estaba molesto por el gran número de gente que hacía la peregrinación de Semana Santa para ser parte del milagro anual del Fuego Santo en la iglesia del Santo Sepulcro. Su ira era tan intensa, que hizo que se destruyera todo el edificio.

Cuando llegó a Roma y Constantinopla la noticia de esa destrucción, levantó una ola de pasión antimusulmana que no se podría controlar.

EL LLAMAMIENTO

Treinta y nueve años después, en 1048, un líder islámico más sensato se alzó con el poder. Se dio cuenta de que la prosperidad de Israel estaba unida a los peregrinos que querían visitar los lugares sagrados, y permitió que se reconstruyese la iglesia del Santo Sepulcro.

> *Los cristianos, bajo el liderazgo de Roma, se prepararon para luchar contra el islam y cualquier otra religión que amenazara su existencia, siendo su objetivo número uno invadir y reclamar la Tierra Santa.*

Pero era demasiado tarde. Había un llamamiento en las naciones cristianas para tomar Jerusalén de los musulmanes a cualquier costo. Sin embargo, al mismo tiempo, se estaba llevando a cabo en la iglesia lo que se ha llamado el "Gran Cisma" sobre el asunto del papado. La disputa era entre los católicos romanos (la iglesia occidental de habla latina) y los cristianos ortodoxos con base en Constantinopla (la iglesia oriental de habla griega). Llegó a su fin en 1054, cuando se produjo una separación permanente; y las diferencias nunca se reconciliaron.

Sin embargo, cuando Constantinopla pidió ayuda a Roma para luchar contra los turcos, el papa estuvo más que preparado para hacer el favor. En el proceso, comenzó a surgir la marejada de una guerra mucho más amplia. Los cristianos, bajo el liderazgo de Roma, se prepararon para luchar contra el islam y cualquier otra religión que amenazara su existencia, siendo su objetivo número uno invadir y reclamar la Tierra Santa.

"GUERREROS SANTOS"

Se redactaron los planes militares, y miles se movilizaron de todos los estratos de la sociedad. El papa incluso prometió "indulgencias" para cualquier cristiano que participara. Los ejércitos que se formaron se llamaron "Los Caballeros de Cristo" y "Los Fieles de San Pedro". Se bordó una cruz simbólica en la ropa de cada Cruzado, y a finales del siglo XI, miles de estos "santos guerreros" se pusieron en acción.

- En 1098, durante la Primera Cruzada, recapturaron la ciudad de Antioquía ocupada por los musulmanes (hogar de la primera iglesia cristiana).
- Al año siguiente, se invadió Jerusalén.
- El área entera (aproximadamente los linderos del Israel actual) fue renombrada como el Reino de Jerusalén.

Eso dejó aún más grabada la mentalidad del "ojo por ojo y diente por diente" entre religiones, pueblos y culturas. A medida que se derramaba más sangre en las arenas del Oriente Medio, las divisiones de odio se estaban escribiendo en millones de corazones.

HERIDAS PROFUNDAS, CICATRICES PERMANENTES

Esa fue la primera de nueve grandes Cruzadas (y otras muchas menores) llevadas a cabo por Roma y el Vaticano desde el siglo XI al XV. No se perdonó a ningún enemigo.

- Los musulmanes fueron expulsados de Francia, Portugal y España.
- El pueblo judío fue perseguido en la tierra del Rin, Hungría y otros lugares, dejando cicatrices que no desaparecerían pronto.
- La violencia de las Cruzadas incluso marcó a cristianos contra cristianos cuando Roma saqueó Constantinopla en el año 1202.

> *Durante los siguientes ochocientos años, Jerusalén permaneció bajo el control del mundo musulmán. Sin embargo, había un fuego santo que rehusaba extinguirse, y las ascuas latentes no se apagarían.*

¿LA CRUZ O LA MEDIA LUNA?

La situación en Jerusalén después de que los Cruzados tomaran el control fue, en el mejor de los casos, frágil. Al este, los musulmanes habían escogido Bagdad como asiento del gobierno islámico, y la convirtieron en una ciudad de cerca de un millón de habitantes, con una magnífica arquitectura y jardines ornamentados. También se introdujeron en el norte de India (y lo que ahora es Pakistán), lo que finalmente llegaría a ser una fortaleza y una de las poblaciones musulmanes más grandes de la tierra.

En Irak, surgió un líder político militar kurdo musulmán llamado Saladino, quien finalmente reinó sobre Egipto, Irak y Siria. Sus ejércitos comenzaron a capturar prácticamente cada ciudad que tenían los Cruzados en la Tierra Santa, decapitando a los enemigos militares que osasen levantarse contra él.

En 1187, los hombres de Saladino tomaron Jerusalén. La cruz dorada que había sido colocada en el techo de la Cúpula de la Roca fue retirada y hecha pedazos. Por toda la ciudad ahora había banderas engalanadas con la media luna, el símbolo del islam.

A los ciudadanos de Jerusalén que pudieron pagar un rescate se les permitió salir; los miles que no pudieron fueron tomados como esclavos. Durante los siguientes ochocientos años, Jerusalén permaneció bajo el control del mundo musulmán.

Capítulo 8

"¡QUE VIENEN LOS TURCOS!"

CALLE ABAJO DE LA ESCUELA PRIMARIA A LA QUE YO asistía, estaba uno de los lugares turísticos más conocidos de Jaffa: la Torre del Reloj. ¡No se podía pasar sin verla!

A menudo, yo caminaba desde la escuela a esa zona, no para ver la torre, sino para comprar un dulce en una panadería al aire libre que había cerca llamada Said Abouo Elafia & Sons, en la calle Yefet. Ellos son los que inventaron la versión árabe de la pizza, con huevo cocido sobre pan de pita que ahora es tan popular en todas las partes del mundo. De hecho, sigo parando allí cada vez que tengo la oportunidad.

La Torre del Reloj, de tres pisos con el tejado a dos aguas, se construyó en 1906 para honrar al sultán turco Abdul Hamid II en el vigésimo quinto aniversario de su reinado. Cerca está la imponente mezquita Muhammadiya.

Desde el siglo XVI, Palestina había sido parte del imperio Otomano, un vasto y poderoso imperio que dominó a millones de personas hasta el final de la Primera Guerra Mundial.

REORGANIZAR EL PANORAMA

El término "otomano" se refiere a su primer líder, un hombre llamado Osman que gobernó uno de los estados de Anatolia (la actual Turquía) en 1281. Una a una, las tribus y naciones cayeron bajo su marcha militar, y en el zenit de su poder, durante los siglos XVI y XVII, el imperio otomano controló la mayoría del Oriente Medio, el norte de África y el sureste de Europa.

Muchos han concluido que ese imperio fue una sustitución islámica de los imperios romano y bizantino. En verdad, había un número de fuerzas trabajando que reorganizó el panorama político, religioso y cultural.

A finales de los años 1200, Genghis Khan y los mongoles de Asia gobernaban sobre cien millones de personas y dominaban al menos el 20 por ciento de la masa continental del mundo. En la expansión occidental de los mongoles, destruyeron la apreciada ciudad islámica de Bagdad en 1258. Allí, asesinaron aproximadamente a un millón de musulmanes y quemaron todas las librerías y mezquitas. El centro del islam ahora se trasladó a El Cairo.

UN GOLPE APLASTANTE

Debido a que el imperio bizantino estaba en las últimas y los mongoles estaban interesados en otros territorios en el este, eso dejó un vacío para que Osman y una larga lista de sucesivos sultanes otomanos lo llenaran.

Uno de sus objetivos era derrocar de alguna manera la ciudad cristiana de Constantinopla, una tarea que parecía imposible debido a que las murallas de la ciudad eran enormes y muy bien fortificadas. Además, cuando se extendió la noticia de una amenaza turca, soldados cristianos acudieron desde Grecia, Italia y otras naciones hasta que se colocaron setecientos mil hombres para armar una defensa.

No había combate.

- El sultán turco Mehmed II acumuló un ejército impresionante aproximadamente de doscientos mil, además de cien barcos.

- Además, tenían un arma secreta: el cañón de fuego. En abril y mayo de 1453, enormes bolas de cañones golpearon las murallas semana tras semana, y los invasores conquistaron la ciudad.

- Las iglesias se convirtieron en mezquitas, y los seguidores de Cristo se convirtieron en ciudadanos de segunda clase.

- Pronto los otomanos conquistaron Grecia, Armenia, Serbia, Hungría y Rumanía.

- Durante estos siglos, los otomanos permitieron a los cristianos griegos y armenios, incluso a los judíos, practicar su fe, aunque los que no eran musulmanes tenían unos impuestos muy elevados.

- En 1517 sometieron a Egipto, reemplazando al líder musulmán árabe por un gobernante musulmán turco. Egipto se convirtió en parte del imperio otomano.

HISTORIAS DE SUPERVIVENCIA

Permítame compartir el relato de un grupo de personas increíbles y dedicadas que rehusaron rendirse a los otomanos, aun a pesar de parecer imposible sobrevivir.

La historia comienza en el año 1080 cuando una pequeña organización cristiana conocida como la Orden de San Juan abrió un hospital en Jerusalén para cuidar a los pobres y tratar a los peregrinos enfermos que hacían el viaje hasta la Tierra Santa. También se les conocía como los Caballeros Templarios o Caballeros Hospitalarios.

Cuando los musulmanes retomaron Jerusalén en 1187, este grupo fue forzado a irse a Trípoli, y finalmente buscaron refugio en Chipre. Para su propia supervivencia, la orden vio necesario dividirse en ramas médica y militar.

Más adelante, debido a las tendencias cambiantes en cuanto a la política y la guerra, los caballeros se trasladaron a la isla de Rhodes, la cual conquistaron y controlaron a su antojo.

Después que los otomanos capturaron Constantinopla, hicieron de Rhodes su principal objetivo. En 1522 el sultán que reinaba entonces ordenó a su vasto ejército que desalojara a los tácticamente superados caballeros. El asedio duró seis meses, y a los pocos que sobrevivieron se les permitió retirarse.

Tras unos años sin rumbo, los caballeros finalmente recibieron la isla de Malta. En su nuevo hogar, la orden creció y se convirtió en una fuerza a tener en cuenta en esa parte del Mediterráneo. En 1565, los otomanos volvieron a golpear, pero esta vez enviaron cuarenta mil hombres para expulsar a la Orden de San Juan y su ejército, que había conseguido crecer hasta ocho mil.

La batalla no les fue muy bien a esos guerreros cristianos, y la situación se hizo desesperante.

Una ola tras otra de ataques se produjo durante varios meses; sin embargo, estos caballeros no se daban por vencidos; incluso los heridos seguían involucrados en la defensa. Estos hombres valientes luchaban día y noche, reparando las brechas y matando a los invasores uno por uno.

Finalmente, cuando se agotaron los víveres de los otomanos y vieron que la victoria sería imposible, los quince mil turcos que quedaban abordaron sus barcos y se retiraron. No se podían imaginar que sólo seiscientos soldados de los caballeros magullados y heridos les separaban de alcanzar su objetivo. Esta victoria inesperada de los caballeros refleja al joven pastor David cuando derrotó al gigante filisteo Goliat.

Incluso después de todos estos siglos, ramas de la Orden de San Juan existen hoy día.[1]

ATROCIDADES EN ARMENIA

A fines de 1700, la economía global había cambiado. La superioridad de las rutas marítimas y navales de Europa había reemplazado a las antiguas rutas de comercio del Oriente Medio. Gran Bretaña se estaba estableciendo como un poder colonial en las naciones de África al sur y estaba controlando el comercio en India.

Con el paso del tiempo, el imperio otomano quedó rodeado y luchando por su supervivencia.

Un grupo que había sido una chinita en el zapato de los turcos era su vecino del este, la nación casi en su mayoría cristiana de Armenia.

Este país sin acceso al mar tiene sus raíces en dos de los apóstoles de Jesús, Tadeo (Judas) y Bartolomeo, que predicaron el evangelio en esta tierra durante el primer siglo. Así, el nombre oficial de la iglesia es Iglesia Apostólica Armenia.

Armenia había estado gobernada por los otomanos durante varios cientos de años y había recibido mucha autonomía, pero las leyes sociales y gubernamentales de los musulmanes predominaban por encima de todo. Como ejemplo, en las cortes judiciales no estaba permitido el testimonio de un judío o de un cristiano.

> *Como hijo del Oriente Medio, puedo decir, sin duda alguna, que el actual conflicto y la profunda amargura que encontramos viva hoy en día, están basados mucho más en la religión que en la política.*

Con el paso del tiempo, otras naciones cristianas se liberarían, como los griegos (en 1829) y Serbia (en 1875); sin embargo, los turcos, para no ver que Armenia se declarase independiente, trazaron un plan para borrar totalmente la nación de la faz de la tierra.

El comienzo de la Primera Guerra Mundial les dio a los otomanos una excusa para llevar a cabo su misión secreta. Comenzando en 1913, cientos de líderes armenios en grandes ciudades y pequeños pueblos fueron arrestados con cargos inventados. Simplemente "desaparecieron" en campos de concentración infernales y grandes fosas comunes excavadas precipitadamente.

No mucho después, los turcos ordenaron que miles de hombres, mujeres y niños comenzaran a salir a marcha forzada de Armenia. Las historias de las atrocidades cometidas son difíciles de describir, siendo violados, asesinados y muertos de hambre durante el camino. Uno de los principales destinos fue Siria, donde no había suficiente comida o cobijo, y se abandonaba a la gente a su suerte para morir bajo el incesante sol.

La historia relata que más de un millón y medio de personas murieron durante este horrible genocidio. Su sangre manchó las arenas del desierto.[2]

UNA FUERTE HERENCIA

Le doy gracias a Dios de que los abuelos de mi madre pudieran escapar de Armenia durante ese tiempo y encontraran la manera de salir a Beirut, Líbano. Finalmente otros miembros de la familia se asentaron en Palestina.

Mi madre, Clemence, tenía una fuerte herencia cristiana que moldeó su carácter e instauró en ella valores que transmitió a mis hermanos y hermanas. Ella no tuvo que predicarnos sobre el bien y el mal, ya que vivía la vida y nosotros seguíamos su ejemplo.

Ella tuvo la bendición de recibir el don de la hospitalidad, y aún les dice a los visitantes: "¿Por qué no se queda a comer algo?".

Mamá era, y sigue siendo, una estupenda cocinera del Oriente Medio. En Jaffa, y luego en Toronto, nuestra mesa era un retrato de la abundancia. Siempre había decenas de platos: calabaza rellena, arroz envuelto con hojas de uvas, comidas picantes y hummus, un paté de garbanzos. De postre había dulces como baklava, un pastel de pasta de nueces distribuido en la pasta filo y bañado con miel.

¿DONDE TERMINARÍA ESTO?

Como hijo del Oriente Medio, puedo decir, sin duda alguna, que el actual conflicto y la profunda amargura que encontramos viva hoy en día, están basados mucho más en la religión que en la política. Cuando me siento con gente del Líbano, Israel, Jordania o cualquier otra nación de esa parte del mundo, a menudo escucho: "Permítame contarle sobre mi familia"; y en algún lugar de su linaje hay un ser querido que pasó por un sufrimiento y dolor increíbles a manos de otro cuyas creencias diferían de las suyas. Esto ocurre tanto si el individuo es judío como musulmán o cristiano.

La "Gran Guerra", que hizo estragos en muchos países durante la primera parte del siglo XX, provocaría consecuencias no intencionadas. De repente, nuevas naciones estaban siendo dibujadas en los mapas, y el orden mundial comenzó a redefinirse.

¿Dónde terminará todo esto?

Primeros años en Israel

Pastor Benny Hinn, tres años de edad, en 1955.

Primeros años en Israel

Ramala a mediados de 1950: Benny Hinn, cuatro años de edad, en primera fila y centro, rodeado de varios familiares, su madre, detrás de él, y su hermana Rose.

Padres de Benny Hinn, Constandi y Clemence Hinn, asisten a una celebración a principios de 1960.

Primeros años en Israel

Benny Hinn de niño, rodeado por su padre y otros líderes de la iglesia
después de llevar el Fuego Santo descrito en el capítulo 7.

El padre del pastor Benny Hinn, Constandi, sonríe con traje y corbata con su brazo
alrededor de su cuñado Michael. Están de pie detrás de un sacerdote ortodoxo griego
que lleva el Fuego Santo hasta la frontera, como se describe en el capítulo 7.

Primeros años en Israel

El patriarca de Jerusalén, Benedicto, que le dio su nombre al pastor Benny Hinn en su bautizo, está escoltado a ambos lados por el embajador de Grecia y su esposa. Les acompaña Constandi, el padre de Benny Hinn.

Primeros años en Israel

"Los cuatro lados de la mesa". A mediados de 1960, Constandi Hinn habla a
líderes de la comunidad de Jaffa en la oficina del alcalde de Tel Aviv.

Tras la reunión, Constandi estrecha la mano del alcalde de Tel Aviv.

Encuentros con líderes religiosos

Durante la visita a China del pastor Benny Hinn en el año 2000, el obispo Michael Fu Tieshan, cabeza de la iglesia católica de este inmenso país, se reunió para hablar del crecimiento eclesial y los viajes humanitarios.

Compartiendo un profundo amor y compasión por los necesitados de India, la Madre Teresa, ganadora del Premio Nobel de la Paz, y Benny Hinn descubrieron un vínculo común que trascendía culturas y geografías.

El difunto cardenal John O'Connor, arzobispo de New York de 1984-2000, y el pastor Benny Hinn se reunieron en 1995 para dialogar de asuntos mundiales.

Encuentros con líderes religiosos

El Papa Juan Pablo II, que dirigió a la iglesia católica durante veintiséis años, se reunió con el pastor Benny Hinn dos veces para tratar preocupaciones comunes sobre las necesidades espirituales en todo el mundo.

Debido a su relación tanto con el papa Juan Pablo II como con otros líderes de la iglesia católica, Benny Hinn tuvo el honor de recibir una invitación especial al funeral del pontífice y de ser entrevistado por la prensa mundial desde Roma.

El pastor Benny Hinn siendo entrevistado delante del Vaticano, en Roma.

Encuentros con líderes mundiales

Álvaro Enrique Arzu Irigoyen, presidente de Guatemala (1996-2000), se reunió con el pastor Benny Hinn antes de la cruzada en Guatemala de 2004.

El pastor Benny Hinn se reunió con el primer ministro de Papúa Nueva Guinea, el difunto Sir William Skate, y se dirigió al parlamento de la nación.

El Honorable Laisenia Qarase, antiguo primer ministro de Fuji, asistió a la cruzada de 2006 en Suva y le habló a la gran multitud asistente.

En mayo de 2007, el pastor Benny Hinn fue recibido por el presidente de Uganda. Lt. Gen. Yoweri Kaguta Museveni y su esposa, Janet.

Antes de la cruzada de 2007 en Santo Domingo, el pastor Benny Hinn se reunió con los gentiles anfitriones, el Presidente Leonel Fernández y la Primera Dama, Margarita.

Encuentros con líderes mundiales

El Honorable P. J. Patterson, el primer ministro de Jamaica, que más tiempo sirvió, invitó a Benny Hinn a hablar al parlamento de Jamaica en 1999.

La Dama Ivy Leona Durmont, gobernadora general de las Bahamas 2001-2005, saludó a la multitud en la cruzada en Nassau de 2001.

Sailele Malielegaoi Tuila'epa, primer ministro de Samoa, habló en la Cruzada de Benny Hinn Ministries en 2001.

Violeta de Chamorro, presidenta de Nicaragua de 1990-1997, se reunió con Benny Hinn en la cruzada de 1995 en Managua.

El pastor Benny Hinn habló en *This is Your Day!* con Zhao Qizheng, ministro de la Oficina de Información del Consejo de Estado de China.

El presidente Olusegun Obasanjo de Nigeria se reunió con el pastor Benny en 2004 para hablar sobre los planes para una próxima cruzada.

Encuentros con líderes mundiales

A. N. R. Robinson, el popular primer ministro de Trinidad y Tobago (1986-1991) y presidente (1997-2003), asistió a la cruzada en Puerto España de 2006

El gobernador Sutiyoso de Yakarta dio saludos en el primer servicio de la increíble Celebración de Milagros de 2006.

En 2004, Benny Hinn recibió una invitación a Nueva Delhi para hablar a los influyentes líderes gubernamentales, religiosos y empresariales de la India, incluyendo miembros del gabinete nacional.

Durante la cruzada de 1995 en Costa Rica, el pastor Benny Hinn fue invitado a reunirse y compartir su corazón con mandatarios de la iglesia católica de todo Latinoamérica.

En una visita a China, el pastor Benny Hinn se reunió con el difunto Dr. Han Wenzao, presidente del Consejo Cristiano de China.

El pastor Benny Hinn compartió su amor por el pueblo chino con la Sra. Zhang Lian, vicegobernadora de la Provincia de Jiangsu.

El antiguo presidente Frederick Chiluba gentilmente albergó la visita del pastor Hinn a Zambia.

Encuentros con líderes de los Estados Unidos

Bill Clinton, cuadragésimo segundo presidente de los Estados Unidos, en una conferencia sobre áreas de fe e interés humanitario con Benny Hinn.

La primera mujer en la historia de los Estados Unidos en servir en ambas Cámaras de una legislatura de estado y ambas Cámaras del Congreso de U.S., la Senadora de Maine, Olympia Snowe, se reunió recientemente con el pastor Benny Hinn en la capital de la nación. No sólo comparten una herencia griega, sino también un firme compromiso con las necesidades humanitarias.

El Senador Mark Pryor de Arkansas, que sirve en el Comité de Seguridad Interna del Senado y en el Comité de Asuntos Gubernamentales y en cinco comités más, compartió su fe cristiana con el pastor Benny Hinn recientemente en Washington, D.C.

Amistades en la familia real de Jordania

Al establecer una amistad con el difunto Rey Hussein de Jordania, el pastor Benny Hinn ha seguido su amistad con el hijo de Hussein, el Rey Abdullah II.

El difunto Rey Hussein de Jordania, mostrado aquí con el pastor Benny Hinn, demostró ser una poderosa voz para el progreso al desarrollar fuertes lazos de amistad con numerosos líderes mundiales.

La fe y la grave situación de los niños sin hogar han sido dos grandes puntos de acuerdo entre la reina Noor de Jordania y Benny Hinn. Su Alteza Real ha sido pieza clave para construir varios hogares para niños por todo su país.

Recientes viajes a Israel

El pastor Benny Hinn ora con el general israelí Effie Eitam durante una
entrevista reciente cerca de la frontera entre Israel y Gaza.

El pastor Benny Hinn entrevista a
un especialista en defensa israelí
en un viaje reciente a Israel.

El pastor Benny es entrevistado
por Chris Mitchell de la CBN, en
una visita reciente a Jerusalén.

El pastor Benny Hinn habla sobre el
conflicto árabe-israelí con el Dr. Dore Gold.

Benny Hinn y el Dr. Ely Karmon discuten
la situación en el Oriente Medio.

Recientes viajes a Israel

El misil impacta sobre la frontera de Israel y Gaza durante una grabación reciente para *This is Your Day!* como se describe en el capítulo 1.

En una comisaría de policía local en Sderot, el pastor Benny Hinn examina porciones de cohetes que han caído cerca de la ciudad.

En un viaje reciente a Israel, el pastor Benny Hinn realiza una entrevista desde un búnker cerca de la frontera entre Israel y Gaza.

Encuentros con jefes de estado israelíes

El pastor Benny Hinn hablando con Simón
Peres en *This is Your Day!*

Benjamín Netanyahu,
primer ministro israelí,
discute la política y
dirección de Oriente
Medio con Benny Hinn.

Isaac Rabin, el difunto primer ministro
israelí, se reunió con Benny Hinn para
hablar cándidamente de preocupaciones
comunes sobre el Oriente Medio.

Capítulo 9

EL MANDATO

¡QUÉ LÍO! EN 1914, EL HEREDERO AL TRONO AUSTRO húngaro fue asesinado por un serbio. Muy pronto, la gente tomó partido, y la Primera Guerra Mundial, llamada también la "Gran Guerra", sumergió a continentes enteros.

Las originales potencias Aliadas incluían Bretaña, Francia, Rusia e Italia, y luego los Estados Unidos. En un principio, se enfrentaron a Alemania y Austria-Hungría hasta que el imperio otomano se unió al conflicto. Eso significó que el Oriente Medio quedara automáticamente involucrado.

Es difícil calcular la enormidad de las bajas, pero esta guerra resultó en la muerte de más de veinte millones de soldados y civiles.[1]

En el frente sur, con la ayuda de los británicos bajo las órdenes de T.E. Lawrence (después conocido como Lawrence de Arabia), las fuerzas árabes se revelaron en Arabia y echaron a los turcos. Los otomanos también fueron derrotados en Damasco, y en diciembre de 1917, Sir Edmund Allenby y sus fuerzas aplastaron al ejército turco en Jerusalén, con el resultado de la conquista de doce mil prisioneros.

Allenby fue aclamado como un héroe, y él y sus hombres marcharon por las calles pavimentadas de la Ciudad Santa. Así comenzó el gobierno británico de Palestina, aunque después se haría una declaración formal.

UN PLAN DE GUERRA BÍBLICO

En su libro *The Romance of the Last Crusade* [El romance de la última Cruzada], el comandante Vivian Gilbert, un oficial del ejército británico, describe un evento increíble que fue parte de la conquista de Jerusalén en 1917 del General Edmund Allenby durante la Primera Guerra Mundial. En el libro *The Bible as History* [La Biblia como historia], Wener Keller cita a Gilbert:

> En la Primera Guerra Mundial, un comandante de brigada del ejército de Allenby en Palestina estaba en una ocasión leyendo su Biblia a la luz de una vela, buscando un nombre en particular. Su brigada había recibido órdenes de tomar un pueblo que estaba en una prominencia rocosa al otro lado del profundo valle. Se llamaba Micmas y el nombre parecía de algún modo familiar.[2]

El comandante de brigada encontró el nombre en este pasaje de las Escrituras: "Saúl, pues, y Jonatán su hijo, y el pueblo que con ellos se hallaba, se quedaron en Gabaa de Benjamín; pero los filisteos habían acampado en Micmas" (1 Samuel 13:16).

El comandante continuó leyendo el relato en 1 Samuel, que cuenta cómo Jonatán y su escudero salieron de noche para espiar a los filisteos: "Y entre los desfiladeros por donde Jonatán procuraba pasar a la guarnición de los filisteos, había un peñasco agudo de un lado, y otro del otro lado; el uno se llamaba Boses, y el otro Sene" (1 Samuel 14:4).

En un milagroso giro inesperado de los acontecimientos, Jonatán y su escudero mataron a unos veinte hombres en media yugada de tierra (versículo 14). Eso causó tal confusión, que cuando el resto de los treinta mil hombres del ejército filisteo llegaron al lugar, pensaron que estaban rodeados del ejército de Saúl y comenzaron a matarse entre ellos (ver 1 Samuel 14:20).

La marcha de la batalla cambió, y el Señor salvó a Israel ese día (versículo 23).

Keller sigue explicando lo que ocurrió después en la batalla de 1917:

> El comandante de brigada pensó que todavía debería de existir ese estrecho desfiladero a través de las rocas, entre los dos peñascos, y al final de él la "media yugada de tierra". Despertó al comandante y leyeron juntos todo el pasaje una vez más. Se enviaron patrullas. Encontraron el desfiladero, que estaba frágilmente tomado por los turcos, y que llevaba hasta dos rocas dentadas, obviamente Boses y Sene. Encima, al lado de Micmas, pudieron ver con la luz de la luna una pequeña planicie. El brigada cambió su plan de ataque. En lugar de enviar a toda la brigada, envió sólo una compañía por el desfiladero bajo la cubierta de la oscuridad. Los pocos turcos a quienes se encontraron fueron derrotados sin hacer ruido, escalaron los riscos y, poco antes del amanecer, la compañía había tomado su posición en la "media yugada de tierra".
>
> Los turcos despertaron y se levantaron en desorden porque pensaron que estaban rodeados por el ejército de Allenby. Todos fueron muertos o tomados prisioneros.[3]

Las tropas británicas resultaron victoriosas —en el siglo XX— por seguir el plan de batalla de Saúl y Jonatán.

También es increíble que la liberación de Jerusalén del General Allenby fuera profetizada por Daniel y Hageo. La Biblia describe cómo Daniel tuvo una visión de que Jerusalén sería liberada de sus enemigos en "mil trescientos treinta y cinco días" (Daniel 12:12).

Para entender las profecías de la Biblia, es importante darse cuenta que un día puede ser igual a un año o a mil años. En la escala profética "día por un año", desde el tiempo en que Daniel escribió esas palabras nos llevaría a 1917. Los eruditos bíblicos también señalan a Hageo profetizando la conquista de Jerusalén "desde el día veinticuatro del noveno mes" (Hageo 2:18). En el calendario hebreo, sería el 9 de diciembre: el día exacto en que el General Allenby recibió las llaves de la Ciudad Santa.

¿UN "HOGAR NACIONAL"?

Los líderes occidentales sabían cómo era probable que terminara la Primera Guerra Mundial, y estaban haciendo reuniones secretamente a comienzos de 1915 para ver cómo el imperio otomano iba a ser repartido. Líbano y Siria estarían bajo el control de Francia, e Italia tendría partes de Turquía y lo que ahora es Libia. Gran Bretaña controlaría Irak, Palestina y Transjordania (ahora el reino de Jordania).

Uno de los asuntos más urgentes durante esos años desconcertantes y tumultuosos era responder a la pregunta: "¿Qué ocurrirá con los judíos?".

La persecución y el antisemitismo estaban esparcidos por toda la Europa del este, y muchos judíos comenzaron a irse a Palestina.

En Bretaña, sin embargo, se firmó un documento el 2 de noviembre de 1917 que realmente fue histórico. Se llamó "La declaración de Balfour", por su autor, Arthur James Balfour, ministro de Asuntos Exteriores del Reino Unido.

Decía que el gobierno británico apoyaba el plan para un "hogar nacional" para los judíos en Palestina, con la única condición de que no se haría nada para someter los derechos de ninguna comunidad existente en la tierra.

La redacción del documento no decía que se estableciese un

"estado", sino un hogar nacional. No se definió nada en el documento como ley, sólo como una expresión de apoyo.

Aquí surge el problema. Durante la Primera Guerra Mundial, había oficiales militares británicos que habían prometido en privado a los líderes árabes que si sus soldados luchaban junto a las fuerzas aliadas, respaldarían el establecimiento de un estado árabe independiente en Palestina.

Cuando se anunciaron las noticias de la Declaración de Balfour, muchos árabes sintieron que se había traicionado su honor. Inmediatamente, comenzó el alboroto, y dijeron: "¿Van a expulsar a medio millón de árabes cuyos antepasados han vivido en Palestina durante más de mil años? ¿Cómo podrán coexistir en la misma tierra dos pueblos con culturas y religiones totalmente opuestas?".

> *Durante la Primera Guerra Mundial, había oficiales militares británicos que habían prometido en privado a los líderes árabes que si sus soldados luchaban junto a las fuerzas aliadas, respaldarían el establecimiento de un estado árabe independiente en Palestina.*

DE VIAJE

He tenido la oportunidad de hablar a los descendientes de muchos judíos que llegaron a Israel durante esa época, y nada podía detener el anhelo del pueblo judío por volver a su tierra natal.

Recuerdo una conversación que tuve con un judío que sobrevivió en el campo de concentración nazi de Auschwitz en Polonia. Me dijo: "Hitler ordenó que los judíos fueran acorralados y enviados allí desde cualquier punto de Europa, y más de un millón fueron asesinados en las cámaras de gas". Luego prosiguió: "Yo estaba hambriento, haciendo trabajos forzados e incluso sometido a 'experimentación médica', pero de algún modo logré sobrevivir".

Los primeros inmigrantes huyeron de la Unión Soviética, luego de Polonia y Hungría. De 1918 a 1925, la población judía en Palestina creció de cincuenta y cinco mil a más de cien mil.[4] Las colonias agrícolas y las empresas comerciales surgían por todos lados. Los judíos no eran los únicos que salían. Inmediatamente después de la Primera Guerra Mundial, millones de personas aprovecharon la oportunidad de volver a asentarse y comenzar una nueva vida. Por ejemplo, mi tatarabuelo y su familia —los Constandi— emigraron de su Grecia natal a Alejandría, Egipto. Vieron un futuro brillante en el comercio y el intercambio. Uno de sus hijos (mi bisabuelo) se dedicó a proveer comida y ropa para los pobres, y la gente decía: "Vamos a El Hanoun", que en árabe significa "el misericordioso" o "el generoso". Después, muchos comenzaron a llamarlo por la abreviatura de "Hinn", y el nombre cuajó.

Como así le llamaba la gente, y ahora vivía en una cultura árabe, tomó la decisión de cambiar su nombre de Constandi a Hinn. (Hace poco supe que algunos de mis familiares que se quedaron en Egipto escogieron volver al nombre familiar Constandi).

Después, uno de los hijos de Hinn (mi abuelo) se fue de Egipto a Palestina y se asentó en la comunidad árabe de Jaffa.

El legado "El Hanoun" de ser misericordioso, pasó a través de las generaciones, y he sido testigo de ello de primera mano en la vida de mi padre. Su participación en el trabajo social en Jaffa se extendía más allá del horario de trabajo. Era extremadamente generoso con todos, y siempre había un desfiladero de gente visitando nuestro hogar, especialmente los que buscaban trabajo. Parte de las tareas de mi padre como enlace del gobierno para la comunidad era autorizar los papeles para los trabajadores. Por ejemplo, un hospital pedía: "Necesitamos diez trabajadores de inmediato", así que él entrevistaba a los candidatos y tomaba la decisión.

En el jardín trasero, él almacenaba grandes bolsas de harina que compraba constantemente. Cuando la gente tenía necesidad, les decía: "Toma, llévate esta harina. Es tuya".

UNA TIERRA PRÓSPERA

Durante los últimos años del reinado otomano, y luego bajo el británico, la ciudad puerto de Jaffa volvió a prosperar, al importar azúcar y arroz y exportando algodón, aceite de oliva, jabón, y millones de deliciosas naranjas. Miles de acres de arboledas cítricas rodeaban la ciudad, y el sello de la "naranja de Jaffa" se convirtió en una marca muy conocida en docenas de naciones.

Cuando mi abuelo se casó y tuvo un hijo, le llamó Constandi, para honrar el nombre familiar griego. De joven, mi padre sirvió en el ejército británico desde 1942 hasta 1944, y luego se trasladó a Haifa, a unas sesenta millas arriba en la costa, donde encontró trabajo en la oficina de clientes del puerto.

En una visita a casa, una de sus tías le habló sobre una hermosa mujer armenia llamada Clemence, cuya familia también era griega ortodoxa, lo cual era extremadamente importante.

"Demasiado joven para mí", exclamó Constandi, cuando supo que solo tenía catorce años.

Sin embargo, cuando finalmente se concertó una reunión entre las familias Hinn y Salameh, mi padre rápidamente cambió su parecer, y pensó para sí: "Es encantadora. Esta es la chica que será mi esposa".

No muchos días después, él fue al restaurante propiedad del Sr. Salameh y preguntó si podía hablar en privado con él. Un Constandi muy nervioso dijo:

—Señor, tengo una petición. Quiero algo de usted.

Debido al respeto que existía entre las dos familias, él respondió:

—Te daré lo que quieras—sonrió—.¿Quieres mis ojos?

—No—respondió Constandi—. Quiero a su hija, Clemence.

El Sr. Salameh no lo dudó. —Sí—respondió—. Estoy muy complacido. Si ese es tu deseo, será tuya.

No mucho después, Constandi compró un anillo de oro y lo colocó orgulloso en el dedo de Clemence. Desgraciadamente, como detallaré en el siguiente capítulo, sus planes de boda estaban a punto de ser hechos añicos por las fuerzas que sacudirían el fundamento mismo de Palestina.

HACERLO OFICIAL

Gran Bretaña, por haber derrotado a los otomanos, se quedó a cargo de Palestina y Transjordania, pero su reinado se hizo oficial el 24 de julio de 1922, cuando la Liga de Naciones (precursora de las Naciones Unidas) votó para establecer lo que se conoce como el "Mandato británico".

> *Desde el principio, los árabes estaban convencidos de que las reglas favorecían a los judíos. No obstante, con el paso del tiempo fue el pueblo judío el que sintió que los británicos simpatizaban más con los árabes. Ninguno parecía estar satisfecho.*

El Mandato se vio como un cargo de fideicomisario sobre gente que no estaba lista para gobernarse por sí misma. Como se esperaba que ocurriera eso, los británicos ya habían hecho la transición del liderazgo militar al civil, y un alto comisario fue puesto como responsable.

Desde el principio, los árabes estaban convencidos de que las reglas favorecían a los judíos. Sí, tenían derechos religiosos y civiles, ¿pero qué ocurría con los derechos políticos y nacionales?

No obstante, con el paso del tiempo fue el pueblo judío el que sintió que los británicos simpatizaban más con los árabes. Ninguno parecía estar satisfecho.

Durante esos años, las organizaciones judías estaban comprando grandes parcelas de terreno a los árabes y construyendo nuevas comunidades. En la mayoría de los casos, las ofertas económicas que se realizaban eran demasiado generosas para ignorarlas.

EL HOLOCAUSTO

Si ha habido un sólo evento que haya causado un alboroto para que el pueblo judío regrese a su tierra natal, fue lo que sufrieron bajo la Alemania nazi antes y durante la Segunda Guerra Mundial.

Cuando Adolf Hitler y el Tercer Reich se alzaron con el poder en 1933, pronto sería muy evidente que consideraba a los alemanes como racialmente superiores, lo que significaba que los judíos eran *inferiores.*

Las atrocidades que tuvieron lugar durante este periodo se conoció como el Holocausto, una palabra con orígenes griegos que significa "sacrificio con fuego".

A comienzos de 1930, la población judía de Europa era superior a nueve millones.[5] La mayoría vivía en países que los nazis pronto ocuparían o gobernarían.

Al comienzo, los oponentes políticos o ideológicos fueron relegados a campos de concentración para quitarlos de la sociedad, pero a medida que los vientos de guerra soplaban con más fuerza, un creciente número de judíos fueron sentenciados a trabajos forzados, y empezaron a morir de hambre sistemática, experimentación médica, incineración y cámaras de gas.

En 1945, dos tercios de los judíos europeos (aproximadamente seis millones) fueron aniquilados en esos campos de concentración localizados en todo el territorio controlado por los nazis.[6]

MUERTE EN DACHAU

Uno de los días más aleccionadores de mi vida fue cuando llevé a miembros de mi familia a visitar el antiguo campo de concentración de Dachau, al norte de Munich, Alemania.

Mientras caminaba por el lugar y veía las gráficas imágenes y muestras, me pude imaginar lo que tuvo que soportar el pueblo judío en esa terrible prisión. El guía nos explicaba que al principio las matanzas se realizaban en las cámaras de gas, pero que el problema fue encontrar un lugar para enterrar a los muertos, así que los nazis construyeron crematorios. De hecho, eran incineradoras, capaces de acelerar el proceso de la muerte quemando muchos cuerpos a la vez, y dejando sólo ascuas.

Nos dijeron que más de doscientos mil personas murieron solamente en ese campo.

Cuando las tropas estadounidenses liberaron Dachau el 29 de abril de 1945, lo que se encontraron rebasaba cualquier descripción humana. Los cadáveres se apilaban por todas partes. Los que no habían sido incinerados morían ejecutados, de frío a la intemperie, por enfermedades o en la cámara de gas.

El impacto de lo que vimos en Dachau se quedó conmigo hasta el día de hoy.

"LA GRAN SUBLEVACIÓN ÁRABE"

Incluso antes del Holocausto, comenzando con el levantamiento de Hitler y la Alemania nazi a comienzos de los años treinta, cada vez más judíos comenzaron a marcharse hacia el sur. Con cada cargamento que desembarcaba, había júbilo entre los que podían ver el futuro del pueblo judío en su país natal de origen, aunque había una ira y un resentimiento crecientes entre los árabes palestinos. El aumento de la población judía en la región se percibía como una amenaza tal, que en otoño de 1936 comenzó "la gran sublevación árabe". De repente, había revueltas en Jaffa y Nabulus, revueltas generales contra los productos judíos, el impago de impuestos, y ataques a las patrullas británicas. Las vías férreas fueron dinamitadas y el sistema telefónico saboteado.

Había tres grandes asuntos que tratar para los árabes: (1) no trasferir más territorio a los judíos, (2) no más inmigrantes judíos, y (3) autogobierno inmediato basado en la democracia de la mayoría.

Estas demandas provocaron que los británicos decretaran una serie de "cartas blancas" e informes de comisión para calmar la situación. Sin embargo, no tenían otra opción que tomar medidas drásticas contra cualquier acto de violencia.

En un intento de sofocar los disturbios, Bretaña impuso un sistema de cuotas para los refugiados que llegaban, pero no funcionó, ya que las organizaciones clandestinas pasaban a miles de contrabando a Palestina.

Los árabes, viendo el crecimiento de la población judía, comenzaron a demandar un voto de independencia *inmediato*. Se quejaban diciendo: "Si Egipto pudo obtener la soberanía, ¿por qué nosotros no?". (Egipto obtuvo su independencia de los británicos en 1922.)

Los judíos no iban a prestar atención a algo así. ¿Perder en una votación con una mayoría árabe? En ese momento, el pueblo judío en Palestina y los demás lugares estaba listo para una solución de dos estados, pero los árabes rechazaron la idea.

Las revueltas árabes duraron tres años, y finalmente fueron aplacadas cuando Bretaña llevó un refuerzo de tropas adicional de veinte mil hombres.

¿UNIDAD O PARTICIÓN?

Durante esos tiempos tumultuosos, las críticas en Bretaña y occidente concluían que la Declaración de Balfour había sido una colosal metedura de pata, y estaban buscando una salida. ¿Cuál podría ser la respuesta?

Las revueltas convencieron a los británicos de que un estado unificado, con árabes y judíos viviendo juntos en paz, no era realista, así que comenzaron a pensar más en planificar una partición en Palestina.

Tras el comienzo de la Segunda Guerra Mundial de 1939 en Europa, cuando Alemania invadió Polonia, incluso oleadas mayores de refugiados judíos comenzaron a llegar a Palestina. Muy pronto llegaron en números record de todas las partes de Europa del este.

La guerra golpeó cerca de casa cuando las bombas italianas cayeron en Haifa en el verano de 1940, y Bretaña estaba alistando tanto judíos como árabes para luchar contra Hitler y Mussolini.

¿100,000 MÁS?

Cuando terminó la guerra en Europa, fue el turno de los judíos para clamar contra los británicos. Ellos desecharon la idea de cuotas y querían llevarse a Israel a cuantos familiares fuese posible.

En agosto de 1945, el presidente Harry Truman pidió que cien mil judíos inmigrantes fueran admitidos en Palestina. Algunos en occidente creyeron que si se permitía entrar a suficientes inmigrantes, sería posible un estado binacional en el que ni los árabes ni los judíos fueran una mayoría.

Una vez más, los árabes se sintieron amenazados; y muchos creyeron que estaban pagando el precio de lo que las naciones cristianas habían hecho a los judíos en Europa.

ORGANIZACIONES CLANDESTINAS

Desde el comienzo del llamado a que el pueblo judío reclamara su tierra natal, un número de organizaciones clandestinas se formaron en Palestina. Usaban cualquier método posible para acelerar el proceso.

Uno de los movimientos más destacados se llamaba Irgun, y Menájem Begin se convirtió en su líder (luego se convertiría en primer ministro de Israel). Irgun fue el responsable de la mayor resistencia militar contra el Mandato Británico, luchando contra cualquier cuota sobre el regreso de judíos y arreglando activamente que los judíos regresaran a Palestina.

> *Desde el comienzo del llamado a que el pueblo judío reclamara su tierra natal, un número de organizaciones clandestinas se formaron en Palestina. Usaban cualquier método posible para acelerar el proceso.*

La organización fue la responsable de volar el ala diplomática del Hotel Rey David en Jerusalén el 22 de julio de 1946, en el que murieron noventa personas.[7]

UNA SITUACIÓN INSOSTENIBLE

Los británicos habían puesto lo mejor de sí mismos para hacer de Palestina un hogar lejos de su hogar. Crearon clubs sociales, jugaban al cricket y servían el té.

Sin embargo, en enero de 1947, la situación se convirtió en insostenible. Había bombardeos diarios por todo el territorio, y rollos de alambrera de púas por las calles de Jerusalén. Los ciudadanos británicos no esenciales fueron evacuados y se declararon leyes marciales.

Para empeorar más las cosas, en julio el gobierno británico se apoderó del *Éxodo*, un barco repleto con más de cuatro mil quinientos supervivientes del Holocausto, víctimas del régimen nazi. El mundo quedó impactado cuando esas personas exhaustas y sin hogar fueron devueltas a Alemania.[8]

Ese mismo mes, las Naciones Unidas declararon que Palestina sería dividida en un estado judío y un estado árabe, con Jerusalén internacionalmente administrada por las NU. Se estableció la fecha de 15 de mayo de 1948 como la retirada de los británicos.

El pueblo judío que vivía en Palestina aceptó la resolución, pero el mundo árabe la rechazó totalmente. En ese entonces, la población judía era de aproximadamente seiscientos cincuenta mil, comparado con la población árabe palestina de más de un millón.[9]

NACE UNA NACIÓN

En los últimos días del Mandato, los británicos se jactaban de lo mucho que había mejorado Palestina: mejores carreteras, escuelas, servicio público y cuidado médico; pero políticamente, la vida era en esos momentos insoportable, y era el tiempo de salir.

En una ceremonia final de la Casa del Gobierno en Jerusalén, un viernes, 14 de mayo de 1948, una pequeña banda militar interpretó

"Dios salve al rey", y los británicos se fueron discretamente. La bandera inglesa se bajó y en su lugar ondeó una Cruz Roja.

La misma tarde, sólo horas antes de que expirase el Mandato, las multitudes se aglomeraron con anticipación fuera del Museo de arte de Tel Aviv (originalmente la casa del primer alcalde de Tel Aviv, Meir Dizengoff). Aunque la ceremonia no se publicitó oficialmente (para evitar un ataque terrorista), la noticia de una emisión de radio "secreta" se propagó como la pólvora, y tanto judíos como árabes de toda Tierra Santa la sintonizaron para oír la trascendental ocasión.

Dentro del museo, también conocido como el Salón de la Independencia, debajo de un gran retrato de Theodore Herzl, se leyó la declaración de independencia y fue firmada por David Ben-Gurion y otros en presencia de varios líderes de la comunidad judía y unos doscientos huéspedes especialmente invitados. Tras la ceremonia de declaración, la Orquesta Filarmónica de Israel, dirigida por Leonard Bernstein, interpretó lo que se convertiría en el himno nacional de Israel: "Ha'Tikva" (que significa "La esperanza") desde el anfiteatro del museo.[10] Tras cerca de dos mil años, Israel se había convertido nuevamente en una nación, y pronto la estrella de David se izaría por toda la tierra.

Sin embargo, en el momento en que se anunció la constitución del estado de Israel, ejércitos comenzaron a movilizarse en Líbano, Siria, Irak, Transjordania y otras naciones árabes. Sólo una guerra total entre árabes e israelíes determinaría el resultado.

Capítulo 10

DÍAS DE DESESPERACIÓN

E L CORAZÓN DE MI PADRE DESFALLECIÓ CUANDO LOS PADRES de Clemence —la mujer con la que se iba a casar— le dijeron: "Nuestra familia se va de Jaffa; es imposible para nosotros quedarnos aquí más tiempo. Nos vamos a Ramala a vivir con nuestros familiares".

El motivo por el que la familia de mi madre sintió la urgencia de irse no tenía nada que ver con la religión o el trasfondo étnico; era puramente por miedo y para asegurarse que sus hijos estarían a salvo en caso de que estallara la guerra. Además, tenían un auto, lo cual hacía más fácil hacer el viaje a Ramala.

Por otro lado, los Hinn decidieron permanecer en Jaffa y aguantar lo que el futuro les deparase.

Mis padres me dijeron que vivir en Jaffa durante ese tiempo era desquiciante. Todos los ciudadanos sentían que la ciudad estaba al borde de un desastre total. Era de lo único que hablaba la gente.

La familia de mi madre no fue la única familia en apresurarse a encontrar un nuevo hogar. Desde el momento en que las Naciones Unidas anunciaron el plan para dividir Palestina en dos entidades separadas árabe y judía, la tensión comenzó a crecer. En Jaffa, la situación era particularmente difícil porque el plan oficial era que fuera un enclave árabe rodeado por Israel.

Incluso antes de la Guerra de la Independencia, a la que siguió la declaración de un estado judío en mayo de 1948, los disturbios aumentaron en cada rincón de Palestina, las bombas artesanales explotaban y los ciudadanos eran atrapados por sorpresa. Los rumores en las calles convencían a los ciudadanos de que era inminente una invasión a cargo de los militantes judíos clandestinos, de que querían ocupar la ciudad antes incluso de la independencia.

Muchos años después, cuando mi padre y yo recordábamos eventos en Jaffa, me contó el ataque de enero de 1948 cerca de la Torre del Reloj que redujo el área a escombros. Con relación a esos días oscuros, él admitió: "Realmente no sabíamos si viviríamos o moriríamos".

> **Incluso antes de la Guerra de la Independencia, a la que siguió la declaración de un estado judío en mayo de 1948, los disturbios aumentaron en cada rincón de Palestina, las bombas artesanales explotaban y los ciudadanos eran atrapados por sorpresa.**

Casi sin notarse, los árabes ricos huyeron calladamente a sus lugares de residencia en El Cairo o Beirut. Eso provocó señales incómodas a los trabajadores de clase media de que se avecinaba una situación peor. Al poco tiempo, las empresas cerraron y miles se quedaron sin empleo.

EL ARRANQUE

Había dos grandes grupos de resistencia operando en Palestina: Haganah e Irgun. Haganah se había organizado en la década de 1920 para proteger los cultivos judíos y el colectivo de las comunidades conocido como "kibbutzim"; pero durante los disturbios de 1930, Irgun, al cual mencioné en el último capítulo, se dividió y se hizo extremadamente combativo.

Al comienzo de la Pascua judía, en abril de 1948, Irgun anunció públicamente que iba a capturar Jaffa. Eso era más que una vaga amenaza, y repentinamente, el fuego de los morteros comenzó a llover sobre la ciudad.

Al norte, se daba una situación similar en Haifa, y comenzaron las evacuaciones masivas. Anticipándose al asalto, los árabes habían reclutado soldados musulmanes voluntarios de Siria, Irak y el lejano Bosnia para ayudar a defender la ciudad.

Las noticias del arranque despertaron la preocupación de Occidente, y los británicos que quedaban en Palestina intentaron detener la arremetida. El mundo estaba extremadamente preocupado por la grave situación de los israelíes.

ESCAPAR DE LA MATANZA

La situación quedó fuera de control, y ni siquiera los británicos pudieron apaciguar las sublevaciones. El temor y el odio en Jaffa habían saltado a las calles. Los autos eran quemados con bombas incendiarias, las tiendas saqueadas y los francotiradores estaban escondidos en los tejados. De noche la violencia aumentaba, y cuando salía el sol, los residentes de Jaffa se dedicaban a enterrar a sus muertos.

Las familias árabes y cristianas ahora huían por millares, sin saber cuándo o si volverían algún día. El puerto estaba abarrotado con cargueros ayudando a la gente a escapar de la matanza.

UNA MARCHA RÁPIDA

Como ya mencioné, los Salameh (la familia de mi madre) hicieron las maletas apresuradamente con sus pertenencias y se fueron a vivir con sus familiares en Ramala, una ciudad al norte de Jerusalén. Los Hinn, con la incertidumbre de su futuro, decidieron quedarse en Jaffa y oraban por la mejor situación posible aparte de replegarse a Egipto. La situación pronto se deterioró, y Clemence y Constandi ahora estaban separados por algo más que unas cuantas millas. Había entre ellos una frontera armada, la cual era ilegal cruzar.

La separación fue desgarradora para esos dos jóvenes que estaban profundamente enamorados. Recuerde que mi padre ya le había dado un anillo a Clemence, y habían prometido casarse.

Fue una separación llena de lágrimas, pero Constandi consolaba a su futura novia, asegurándole: "No te preocupes. Esto terminará pronto, y muy pronto volveremos a estar juntos de nuevo".

El 9 de mayo de 1948, después de un fallo total de los servicios municipales, los líderes que quedaban en Jaffa emitieron una proclamación declarándola "una ciudad abierta", una ciudad indefensa. Ya no habría más resistencia; la comunidad se sometería al gobierno judío.

En ese momento, quedaban en Jaffa menos de cinco mil árabes, de unos setenta mil que había unos pocos meses antes.[1] Constandi Hinn pudo asegurar el empleo con el servicio postal de Jaffa, pero en su corazón estaba Ramala. "Lo único en lo que pensaba era en la forma de ver a Clemence", le dijo una vez a la familia rememorando esos días de desesperación.

UNA GUERRA TOTAL

Mientras tanto, una semana después, cuando Israel se convirtió oficialmente en un estado, se inició una guerra mucho más amplia en la región. Los anteriores conflictos que llevaron a la independencia judía no fueron nada en comparación con lo que ocurrió inmediatamente después de la declaración de la independencia.

La comunidad judía aceptó la idea de la partición, pero la Liga Árabe rechazó el plan porque se oponían en rotundo a un estado judío. Repentinamente, se produjo una guerra total.

En pocos días, los ejércitos árabes se pusieron en marcha desde Egipto, Líbano, Siria, Jordania e Irak. Los miembros de la Liga Árabe se movieron para actuar, amenazando con arrojar a Israel al mar. Para el pueblo judío, eso era la "Guerra de la Independencia", y se vieron forzados a luchar en varios frentes. Los luchadores de la resistencia de Haganah e Irgun fueron absorbidos en el ejército del nuevo estado judío.

> *La comunidad judía aceptó la idea de la partición, pero la Liga Árabe rechazó el plan porque se oponían en rotundo a un estado judío. Repentinamente, se produjo una guerra total.*

En la mayoría de las confrontaciones armadas, dominaron las muy motivadas tropas de Israel, pero los jordanos invadieron Jerusalén y demostraron ser un enemigo determinado. Los enfrentamientos cuerpo a cuerpo se sucedían en las callejuelas de la vieja ciudad, y cuando acabó todo, los árabes habían declarado la victoria; al menos en esta única batalla. Se produjeron saqueos generalizados en los barrios judíos, y muchas sinagogas fueron destruidas al quemar el barrio hasta las cenizas.

LA LUCHA DE ISRAEL POR LA SUPERVIVENCIA

Durante los meses siguientes se anunciaron numerosos acuerdos de armisticio entre Israel y los árabes, pero todos fracasaron. En el lado árabe, no parecían llevar a cabo un ataque coordinado, y la mayoría de las tropas carecían de entrenamiento militar. Cada estado árabe parecía tener un plan distinto del objetivo de anexar porciones de Israel a su propia nación. Muchos palestinos promovían la independencia, pero no había un plan estratégico y unificado.

Finalmente, se firmó un alto el fuego en febrero de 1949. Ahora Israel tenía una porción mayor de lo que iba a ser originalmente la Palestina árabe. La idea de dos estados ya no era posible. Los israelitas controlaban todo menos Gaza, la cual pertenecía a Egipto, y la Ribera Occidental, que estaba en manos del reino hachemita de Jordania: el nuevo nombre de Transjordania cuando se convirtió en una nación soberana en 1946.

Jerusalén estaba dividida entre Israel y Jordania.

REUNIÓN EN RAMALA

De vuelta en Jaffa, Constandi Hinn pasó mucho tiempo concibiendo un plan, decidido a cruzar como fuera la frontera con Jordania y volver con la mujer a la que tanto amaba.

En 1949, Constandi les dijo a sus padres que iba a ausentarse de su trabajo con una excedencia y que se iría secretamente a Ramala. Intentando pasar desapercibido, viajó toda la noche por el litoral hasta la ciudad de Gaza. Allí aseguró su paso en una barca que se dirigía a Egipto y viajó de incógnito en autobús hasta Jordania.

Mi madre aún puede contar el día en que Constandi apareció en la casa donde su familia se estaba hospedando en Ramala. "No puedo expresar lo sorprendida y emocionada que estaba —recuerda—. Lloré de alegría al verlo nuevamente".

La emotiva reunión con Clemence bien valió la pena el riesgo; sin embargo, las barreras más grandes todavía no habían llegado. ¿Cómo la llevaría con él a casa? ¿Cuándo y cómo se casarían? ¿Qué documentos serían necesarios para legalizar el matrimonio?

"Tu padre se quedó en Jordania durante un largo periodo de tiempo —me decía mi madre—. Y hablamos una y otra vez sobre cómo podríamos regresar a Jaffa".

"Durante ese periodo, él encontró trabajo con la Cruz Roja en Amán", recordaba ella. Entonces un día, Amal, la madre de mi madre, tuvo una brillante idea. "¿Por qué no celebran dos matrimonios? ¿Uno aquí en Ramala, para que tengas la documentación y otro en Jaffa, donde será reconocido por los israelíes?".

¿Qué les ocurrió a los palestinos que huyeron de Israel? Cientos de miles fueron alojados "temporalmente" en campos de refugiados. Hoy, hay más de cincuenta de estos campos en Jordania, Siria, Líbano, la Ribera Occidental y Gaza; y, en estas seis décadas, el número de refugiados palestinos registrados ha aumentado hasta más de cuatro millones.

Afortunadamente, el plan funcionó —me dijo mi madre—, y fue un gran alivio cuando los guardas fronterizos asintieron en aprobación y nos permitieron a tu padre y a mí entrar en el país y volver a Jaffa". Mi madre tenía en ese entonces dieciséis años.

Poco después, formaron su familia, y, en 1952, vine yo a este mundo.

NUEVOS DIRIGENTES

Justamente antes y durante la guerra de 1948, setecientos cincuenta mil palestinos huyeron del país, principalmente debido a los extendidos rumores de que serían asesinados por los judíos.[2] Aproximadamente cien mil árabes se quedaron para convertirse en ciudadanos israelíes, y muchos aprendieron hebreo para poder funcionar en la sociedad.

Los israelíes, sin embargo, sentían que tenían que mostrar mano dura para hacer frente a la "declaración de resistencia" del mundo árabe, incluyendo Jordania, Irak, Egipto y Líbano. Comenzando en 1954, Jaffa dejó de ser una ciudad separada. Había sido absorbida en el municipio de Tel-Aviv. Culturalmente, las cosas estaban cambiando. Por ejemplo, el nombre oficial de Jaffa se sustituyó por la palabra hebrea Yafo. Mi padre, griego, se convirtió en un administrador de confianza y enlace entre el gobierno israelí y los ciudadanos árabes y cristianos en el histórico "suburbio" de Tel-Aviv.

¿QUIÉN TIENE RAZÓN?

¿Qué les ocurrió a los palestinos que huyeron de Israel? Cientos de miles fueron alojados "temporalmente" en campos de refugiados. Hoy día, hay más de cincuenta de estos campos en Jordania, Siria, Líbano, la Ribera Occidental y Gaza; y, en estas seis décadas, el número de refugiados palestinos registrados ha aumentado hasta más de cuatro millones.[3]

¿Por qué no ha habido solución al dilema palestino-israelí? Tanto judíos como árabes creen que la otra parte es responsable de iniciar el conflicto entre ellos. ¿Quién tiene razón?

A mí me han preguntado miles de veces: "Benny, ¿crees que el problema se resolverá algún día?".

Mis respuestas no agradan a todos, pero permítame compartir mis pensamientos.

Capítulo 11

¿CUÁNDO TERMINARÁ EL CONFLICTO?

C UANDO NUESTRA FAMILIA EMIGRÓ A CANADÁ, VIVÍAMOS en un entorno totalmente diferente, pero estábamos al corriente de manera continua de todo lo que ocurría en Israel.

Al bajar del avión en Toronto, estábamos entrando en un país nuevo y afrontando un futuro incierto. Llegamos con la ropa en las espaldas, unas cuantas posesiones en nuestras maletas y un poco de dinero de lo que habíamos vendido en Jaffa, suficiente para subsistir durante un corto periodo de tiempo.

Mi padre no tenía un trabajo fijo, y nuestra casa era un pequeño apartamento alquilado. Fue un impacto haber sido trasplantados repentinamente en una cultura "extraña". Yo pensaba que sabía un poco de inglés de ver los programas de televisión americanos de niño, pero fue intimidante estar totalmente rodeado de este nuevo lenguaje.

Papá, que hablaba inglés mejor que ningún otro miembro de nuestra familia, llenó una solicitud de trabajo y pronto encontró un trabajo como vendedor de seguros.

Nunca sabré si fue la presión de sacar adelante a una familia o su seguridad en sí mismo para relacionarse con la gente, pero rápidamente se convirtió en un vendedor de éxito en su nueva ocupación. Sólo unos meses después de llegar a Toronto, nos mudamos a nuestra propia casa: en Crossbow Crescent en la sección North York de la ciudad.

LA EMOCIÓN POR EL NACIONALISMO

Las secuelas de la Guerra de los Seis Días en 1967 cambiaron drásticamente el panorama de nuestra tierra natal, y llevó a un punto muerto que aún existe en las relaciones entre los judíos y los árabes en Israel.

> *Los árabes palestinos despertaron encontrando la tierra en la que habían estado viviendo controlada por un gobierno "extranjero" —Israel— cuyo sistema legal y lenguaje eran tan diferentes como la noche y el día.*

Antes de ese punto de inflexión, los árabes que vivían en la Ribera Occidental y la franja de Gaza se consideraban a sí mismos como árabes palestinos. Sin embargo, como estaban sometidos a otros gobiernos árabes, no había un anhelo por el nacionalismo palestino, ni tampoco un fervor por formar su propia nación.

Pero ahora las cosas habían cambiado drásticamente. De repente, esos árabes palestinos despertaron encontrando la tierra en la que habían estado viviendo controlada por un gobierno "extranjero" —Israel— cuyo sistema legal y lenguaje eran tan diferentes como la noche y el día.

La emoción por el nacionalismo comenzó a brotar como un

volcán latente, y en poco tiempo varios grupos militares palestinos estaban buscando la atención mundial en un intento por conseguir un estado independiente.

LA MASACRE DE MUNICH

Como un joven de veinte años en Toronto, apenas si podía creer las noticias que estaba viendo en televisión de los Juegos Olímpicos de Munich de 1972.

El evento estaba en su segunda semana, cuando, de repente, a primeras horas de la mañana del 5 de septiembre, ocho miembros de un grupo terrorista palestino, vestidos con trajes negros y con talegos militares llenos de rifes de asalto AK-47, pistolas Tokarev y granadas de mano, escalaron una verja de seguridad en la Villa Olímpica y se dirigieron directamente a los apartamentos que estaba usando el equipo israelí.

Lo que se conoció como la "masacre de Munich" la perpetró Septiembre Negro, un grupo militar (que extrajo su nombre del conflicto entre Yasser Arafat y el rey Hussein de Jordania en 1970) con vínculos con la organización Fatah de Arafat. Dos israelíes fueron abatidos a tiros durante la primera irrupción, pero nueve fueron tomados inmediatamente como rehenes.

Los raptores demandaron que Israel liberase a doscientos prisioneros palestinos y pidieron una salida segura de Alemania, pero en unas negociaciones fallidas en el aeropuerto, los terroristas dispararon a los nueve participantes olímpicos israelíes que tenían.

Cinco de los ocho secuestradores fueron abatidos por francotiradores, pero durante el forcejeo por los otros tres, un avión alemán de pasajeros de Lufthansa fue reclutado a la fuerza por más terroristas árabes; y los que estaban capturados fueron liberados a cambio.[1]

LA GUERRA DE YOM KIPUR

Las trágicas muertes de las Olimpiadas de 1972 no fueron, sin lugar a dudas, las últimas pérdidas de vida que lamentaría Israel. El número de víctimas que estaban a punto de experimentar el 6 de octubre de 1973, formaría una nube de dolor sobre la tierra tan fuerte que casi borraría el hecho de que ese evento fue al mismo tiempo una victoria israelí sobre sus enemigos árabes.

Habiendo escogido a propósito Yom Kipur, el día más sagrado del calendario judío, Egipto y Siria movilizaron sus fuerzas combinadas para un coordinado ataque por sorpresa en las fronteras israelíes. Como muchos soldados estaban de permiso para pasar la fiesta con sus familias, las fuerzas israelíes eran considerablemente inferiores en número. En los altos del Golán, aproximadamente 180 tanques israelíes se enfrentaban a 1,400 tanques sirios, y al otro lado del Canal de Suez, 436 soldados israelíes fueron invadidos por 80,000 egipcios.[2]

La masacre era enorme, pero al mismo tiempo, y de forma milagrosa, cuando Israel movilizó toda su fuerza activa y sus tropas de reserva, sólo tardó una semana en expulsar con éxito a las tropas sirias y egipcias y retener toda la tierra que ellos habían invadido.

Aunque Israel ganó la guerra, el coste fue grande. La arena se tiño con la sangre de 2,700 soldados israelíes muertos. En los días sucesivos, muchos sintieron que se podían haber salvado la vidas de muchos si la primera ministra israelí Golda Meir, y el ministro de defensa Moshé Dayán, hubieran reaccionado de forma distinta a como lo hicieron ante las alertas del rey Hussein de Jordania de un inminente ataque conjunto de Egipto y Siria. Aunque una comisión del gobierno más tarde exoneró a Meir y Dayán de cualquier error, Meir dimitió como primera ministra y fue atormentada para el resto de su vida por la culpabilidad debido a su decisión.

Estos dos líderes israelíes, Golda Meir y Moshe Dayan, han estado varias veces en nuestro hogar en Jaffa, debido al trabajo de mi padre con el gobierno local. ¡Mi madre les ha dado de comer! Eso fue antes de que ellos fuesen ascendidos a los puestos nacionales que obtuvieron durante la Guerra del Yom Kippur, por supuesto. De niño, nunca hubiese podido imaginar el significado histórico de esos dos invitados, pero ahora recuerdo sus visitas con asombro.

Si queda algún resquicio de esperanza en la oscura nube que dejó la posguerra de la Guerra de Yom Kipur, es este: la victoria de Israel en esta confrontación convenció al presidente egipcio Anwar Sadat de que no había manera en que los árabes pudieran algún día derrotar a Israel en una guerra. Incluso cuando Egipto y Siria atacaron con una ventaja tan grande, no pudieron aguantar el contraataque de las tropas israelíes.

Además, a opinión de Sadat, las grandes bajas israelíes sirvieron para "igualar el marcador" de las pérdidas que Egipto había sufrido a manos de los israelíes durante la Guerra de los Seis Días. La manera en que lo vio Sadat fue que los árabes habían recuperado su dignidad. Podía negociar de igual a igual.

A consecuencia de esto, él pronto estuvo más dispuesto a la posibilidad de establecer la paz con Israel. Como discutiré después brevemente, este cambio en los acontecimientos asentaría el escenario para el famoso viaje de Sadat a Jerusalén y la firma de los Acuerdos de Camp David.[3]

"OPERACIÓN ENTEBBE"

Después, en junio de 1976, un avión de Air France con 238 pasajeros despegó de Atenas con dirección a París. El vuelo procedía de Tel-Aviv, y había muchos israelíes a bordo.

Justamente después del despegue, dos palestinos del Frente Popular de Liberación de Palestina, junto con dos revolucionarios alemanes, secuestraron el avión y lo desviaron, primero a Libia y luego a Entebbe, Uganda.

Exigieron que se liberase a cincuenta y tres palestinos retenidos en varios países, incluyendo Israel, Kenia, Suiza y Alemania Occidental. Si no se cumplían sus exigencias, amenazaron con comenzar a matar a los rehenes.

Después de liberar a los pasajeros que no eran judíos, cien rehenes permanecían como monedas de cambio. Mientras tanto, el 3 de julio, el gabinete ministerial israelí aprobó una misión de rescate muy atrevida llamada "Operación Entebbe", que incluía cuatro aviones Hércules de transporte que volaron bajo la cobertura de la noche a Uganda. La operación estuvo planeada y dirigida por el hermano mayor de Benjamín Netanyahu, Jonathan, o "Yoni", como le llamaban.

El ataque por sorpresa en el aeropuerto terminó con la matanza de los secuestradores, el rescate de los rehenes y el asombro del mundo por la audacia de la fuerza aérea israelí.[4] Pero, trágicamente, durante la confrontación con los secuestradores, Yoni Netanyahu fue disparado en el pecho. El equipo médico no pudo reanimarlo, y murió junto al avión de evacuación mientras los rehenes liberados eran dirigidos rápidamente a bordo. Irónicamente, al mismo tiempo, los rehenes probablemente no tenían ni idea de que el soldado mortalmente herido al lado del que pasaban rápidamente era el héroe responsable de su salvación.

El cuerpo de Yoni fue repatriado a Israel, donde miles asistieron a su funeral. Como único soldado israelí muerto durante el rescate, inmediatamente su nombre se convirtió en el pan de cada día en Israel. Se publicó un libro de éxito de ventas con sus cartas tras su muerte, y su valor ha inspirado a personas en todo el mundo.[5]

AUMENTO DE LAS TENSIONES

Si los palestinos querían la solidaridad del mundo, sus tácticas petardearon. Estos acontecimientos, y muchos otros que seguirían, definieron la imagen de los palestinos para los americanos y europeos promedio como fanáticos y "sanguinarios". Muchos se solidarizaron con Israel como un pueblo bajo sitio, intentando defender su joven nación.

El mundo árabe, sin embargo, vio la situación desde un una perspectiva totalmente diferente. En Toronto hablé con una mujer árabe que me dijo: "la vida para los palestinos será imposible hasta que no recuperen su tierra".

Israel tuvo que combatir los repetidos intentos de Egipto por recuperar el Sinaí, y de Siria, que quería reclamar los Altos del Golán.

La elección en 1977 de Menájem Beguin como primer ministro de Israel contribuyó muy poco para calmar a los árabes. Comenzó a poblar la Ribera Occidental, Gaza y la península de Sinaí con asentamientos israelíes. Beguin no vio estos territorios como "ocupados", sino como liberados.

Ahora la atención mundial cambió hacia encontrar una solución pacífica al problema palestino-israelí. Tras su elección en 1976, el Presidente Jimmy Carter no perdió el tiempo a la hora de reunirse con varios líderes árabes e israelíes en un esfuerzo por facilitar la paz. Sin embargo, en noviembre de 1977, el presidente de Egipto, Anwar Sadat, se frustró con el proceso y proclamó un discurso en el parlamento egipcio diciendo que estaría dispuesto a viajar hasta los confines de la tierra, incluso hasta Israel y el Knéset, para discutir la paz.[6] Aunque muchos pensaron que las palabras de Sadat eran sólo retórica, cuando Menájem Beguin le extendió una invitación al líder egipcio dos días después, Sadat sorprendió a todos y aceptó de inmediato.

La onda de choque creada en la comunidad árabe por la disponibilidad de Sadat de reunirse cara a cara con el liderazgo de Israel no se puede subrayar en exceso. Representó un cambio total en el comportamiento árabe hasta ese entonces. Desde los días del Mandato Británico, los líderes árabes nunca habían estado dispuestos a negociar en la misma mesa con sus homólogos judíos. Esta postura se fortaleció más después que el estado de independencia de Israel se hiciera oficial. Por ejemplo, en la conferencia de Lausana de 1949, árabes e israelíes nunca se reunieron en la misma sala o ni siquiera en el mismo edificio. Se quedaron en hoteles diferentes y se comunicaban todo por medio de mensajeros.[7]

Además, como primer líder árabe en visitar Israel, Sadat fue esencialmente el primer árabe en reconocer la existencia de un estado israelí. Eso supuso una tremenda declaración no sólo para los árabes, sino también para el mundo.

También vale la pena destacar que Sadat hizo esa visita sabiendo que se arriesgaba a perder a sus aliados árabes e incluso su propia vida. Cuando volaba a Damasco para pedirle a Siria que se uniera a Egipto para hacer la paz con Israel, el presidente sirio Hafez Asad no sólo rehusó, sino que algunos también dijeron que casi arrestó a Sadat para impedir que se llevara a cabo el revolucionario acontecimiento. Yo creo que de no haber sido porque iba en contra del honor árabe arrestar a un invitado, puede que Sadat nunca hubiera tenido la oportunidad de visitar Jerusalén. Mientras Sadat estaba en Damasco, dos explosiones en la embajada egipcia en Damasco señalaron la oposición de Siria al viaje en voz alta y clara.[8] Sin embargo, Sadat creyó que el viaje a Israel era su "tarea sagrada"[9] y lo llevó a cabo.

Tras aceptar la invitación de Beguin, se necesitó alrededor de una semana para componer un discurso que Sadat daría ante el Knéset. A su llegada en el aeropuerto de Ben-Gurión el 19 de noviembre de 1977, fue honrado con un saludo de veintiún disparos y una ceremonia de bienvenida. Pero algunos recuerdan la atmósfera en Israel como de hospitalidad cautelosa, por decir lo mínimo. Según el rabino Joseph Telushkin en su libro *Jewish Literacy* [Alfabetismo judío], cuando Sadat llegó a Israel:

> Las tropas israelíes estaban listas en el aeropuerto de Ben-Gurión, por si toda la iniciativa demostraba ser falsa y las puertas del avión se abrían para mostrar a tropas egipcias armadas preparadas para disparar al liderazgo israelí allí reunido.[10]

Telushkin también recuerda un momento más suave durante la llegada de Sadat:

> Entre los líderes israelíes que saludaron a Sadat en el aeropuerto se encontraba la antigua primera ministra de Israel, Golda Meir. Sólo tenía una pregunta para el presidente egipcio: "¿Por qué ha tardado tanto?".[11]

Durante su visita a Jerusalén, Sadat se alojó en el famoso Hotel Rey David. Antes de su discurso en el Knéset, oró en la mezquita de Al-Aqsa y visitó el monumento conmemorativo del Holocausto de Yad Vashem con Beguin. ¡Imagine el impacto de un líder árabe rindiendo homenaje a las atrocidades cometidas contra el pueblo judío!

Nunca olvidaré ver esos eventos en la televisión con mi familia en Toronto. Recuerdo a mi padre y el resto de la familia llorar abiertamente por ver a nuestra tierra natal en ese alboroto. Como mi familia estaba muy afectada, era difícil oír la información que daban, así que decidí alquilar una habitación en un hotel cercano donde pudiera sentarme tranquilo, escuchar las noticias y procesar todo lo que estaba ocurriendo. Pero a medida que se aclaraban los detalles, a mí también se me hacía difícil controlar mis emociones. Me senté en la habitación del hotel a llorar y llorar.

Esa tarde, de pie ante el Knéset, Sadat ofreció la paz si Israel estaba dispuesto a retranquearse a sus fronteras anteriores a 1967 y dar un hogar a los palestinos. El parlamento israelí reaccionó negativamente, pero estuvieron dispuestos a negociar. La visita de Sadat a Jerusalén fue un primer paso monumental en un viaje que llevaría a varias negociaciones con Beguin y finalmente a Camp David.

LOS ACUERDOS DE CAMP DAVID

En septiembre de 1978, el presidente Jimmy Carter invitó a los líderes de Israel y Egipto a Camp David, a las afueras de Washington, D.C. Tras trece años de negociaciones, Menájem Beguin y Anwar Sadat firmaron un acuerdo devolviendo el Sinaí a cambio del reconocimiento de Egipto del derecho de Israel a existir.

Ninguno de los que presenciaron el ataque de Sadat sobre Israel al comienzo de la guerra de Yom Kipur hubiera podido predecir que tan sólo cinco años después, estaría dispuesto a acordar la paz con sus vecinos judíos. Pero la victoria de Israel en la guerra, unido a un incidente en el que el gobierno israelí literalmente salvó la vida de Sadat de un asesinato planificado por el libio Muammar Gadafi en junio de 1977, influyeron grandemente, y sin lugar a dudas, en su decisión.[12]

Aunque no estoy de acuerdo con gran parte de la política del presidente Carter, creo que merece un reconocimiento por tener la persistencia e inteligencia de ayudar a forjar un acuerdo de paz entre estas dos naciones que existe hasta el día de hoy.

GUERRAS CIVILES EN JORDANIA Y LÍBANO

¿Pero qué ocurre con los territorios palestinos? Otras naciones árabes no quedaron muy contentas con Sadat. Mientras se desarrollaban acuerdos de paz entre Egipto e Israel, y luego entre Jordania e Israel, los palestinos comenzaron a sentirse excluidos. Se preguntaban qué les pasaría si otros países árabes seguían extendiendo una rama de olivo de paz en dirección a Israel.

Para ayudarle a entender lo que ocurrió después, permítame retroceder brevemente. Cuando Jordania perdió la Ribera Occidental en favor de Israel durante la Guerra de los Seis Días en 1967, el número de refugiados palestinos en Jordania aumentó a dos millones debido a que los palestinos huyeron del territorio nuevamente redefinido.

Desde esta nueva base de operaciones en Jordania, la Organización para la Liberación de Palestina (OLP) comenzó operaciones militares contra Israel que incitaron a las represalias de Israel, y mataron e hirieron a muchos jordanos. Las tensiones entre la OLP y los jordanos aumentaron con el paso del tiempo hasta 1970.

En lo que se conoció como el Septiembre Negro, Yasser Arafat hizo un llamamiento para derrocar el trono del rey Hussein de Jordania. En respuesta al llamamiento, Siria invadió Jordania, e Irak e Israel se involucraron de inmediato. La lucha continuó hasta 1971 cuando el rey Hussein expulsó a la última de las guerrillas palestinas de Jordania.[13]

Todos esos desarrollos ayudaron a la precipitación de la guerra civil del Líbano que estalló entre las fuerzas del Partido Falangista Cristiano (apoyado por Israel) y los musulmanes libaneses (que le habían dado un hogar a Yasser Arafat y a la OLP cuando se fueron de Jordania). Los asentamientos israelíes se convirtieron en un blanco frecuente de los bombardeos de las bases de la OLP del sur de Líbano, como un escenario similar a lo que se había desarrollado en Jordania y ahora en Líbano.

Después, el 3 de junio de 1982, los terroristas en guerra con Arafat y la OLP hirieron al embajador israelí en Inglaterra, Shlomo Argot, en un ataque en Londres. Eso llevó a bombardeos israelíes de bases de la OLP en Líbano, seguido de más bombardeos de la OLP sobre asentamientos israelíes y, finalmente, las represalias de Israel invadiendo Líbano.

Al comienzo de la invasión, Israel se iba a extender sólo en las fronteras del Líbano con una profundidad de veinticinco millas y eliminar las bases de la OLP allí. Pero salir de Líbano era más fácil decirlo que hacerlo. Durante esos oscuros días, muchos civiles fueron asesinados con la escalada de la lucha y la violencia, y tras varias semanas Israel se dio cuenta de que había ocupado la capital del Líbano, Beirut; la única vez que el ejército israelí ha ocupado una capital árabe.[14] La captura de Beirut precipitó la petición de la OLP de ayuda internacional para evacuar el Líbano.

La salida de la OLP del Líbano fue una victoria para Israel, pero tras su estela la arena quedó empapada con la sangre de más de ciento cincuenta mil bajas y una nación dividida y devastada durante quince años de derramamiento de sangre.[15]

EL ACUERDO DE LONDRES

En sus memorias, que fueron publicadas en 1995, el actual presidente de Israel, Simón Peres, habla de una reunión secreta entre él mismo y el rey Hussein de Jordania en Londres.[16] Yo me he reunido personalmente con el presidente Peres y le he preguntado sobre esto porque se me hace muy interesante. Esto es lo que ocurrió.

En abril de 1987, Peres, que era el ministro de asuntos exteriores de Israel en ese entonces, fue a Londres y negoció en secreto con el rey Hussein de Jordania, llegando a un acuerdo que esperaba pondría fin al conflicto palestino-israelí. Ese acuerdo, que fue firmado por Peres y el rey, proporcionó el marco para una conferencia de paz internacional para el Oriente Medio patrocinada por las Naciones Unidas. El plan pedía que la delegación jordana representara a los palestinos en la conferencia de NU, excluyendo así a la OLP.[17] El acuerdo también incluía lo que se llamó la "opción jordana", la cual otorgaba a Jordania la Ribera Occidental.

La lucha porque el primer ministro de Israel Yitzhak Shamir y el Gabinete israelí aprobaran el acuerdo resultó inútil para Peres, y en un segundo encuentro en secreto en Londres, Shamir rechazó el acuerdo que Peres y Hussein habían firmado porque temía las consecuencias de la "opción jordana".[18]

Esto hizo que el rey Hussein se desentendiera de futuros intentos por establecer la paz con Israel y que rechazara toda la soberanía de Jordania sobre la Ribera Occidental en julio de 1988. Cuando esto ocurrió, fue como si Hussein hubiera colgado una señal de bienvenida en la puerta de Yasser Arafat y los palestinos para que estos se trasladaran a la Ribera Occidental. Jordania permitió básicamente que los palestinos persiguieran su propio destino en la región.

LA INTIFADA

A finales de la década de 1980, Israel estaba encaminado a convertirse una de las naciones más ricas de la región. Recuerdo reunirme con israelíes que estaban convencidos: "Vivir en la economía israelí; los palestinos nunca lo han tenido tan bien". Pero los palestinos que vivían en la Ribera Occidental y Gaza se quejaban de que tenían pocos derechos y pocas esperanzas. Con toques de queda y controles constantes, no debería sorprender a nadie que hubiera un resentimiento cada vez mayor.

Esto condujo a un periodo conocido como la *intifada*, una palabra árabe traducida como "sublevación". Se aplicó a los palestinos durante finales de la década de los ochenta y comienzos de los noventa, cuando se rebelaron contra lo que consideraban opresión. Había muchas formas de desobediencia civil, y clamor por la independencia. Durante ese tiempo, un clérigo musulmán con la demanda de un estado islámico que incluyera toda la histórica Palestina, formó Hamas.

De todas partes, se estaban alzando las voces, incluyendo a los pacificadores palestinos que, sin ningún problema, reconocerían el derecho de Israel a existir si tan sólo volvían a sus fronteras anteriores a 1967 y les permitían vivir sin conflicto.

En la escena internacional, hubo muchas conferencias de paz infructuosas, como los Acuerdos de Oslo de 1993. Esto resultó en una reunión entre Arafat, Isaac Rabin y Bill Clinton en Washington para firmar un tratado donde Israel y la OLP se reconocerían el uno al otro y harían varias concesiones. Sin embargo, las conversaciones se interrumpieron por temas que incluían el control final de Jerusalén, los detalles de un estado palestino y el destino de los asentamientos judíos en la Ribera Occidental y otras áreas.

> *De todas partes, se estaban alzando las voces, incluyendo a los pacificadores palestinos que, sin ningún problema, reconocerían el derecho de Israel a existir si tan sólo volvieran a sus fronteras anteriores a 1967 y les permitieran vivir sin conflicto.*

Desde el punto de vista israelí, si se pusiera fin al terrorismo, esos temas se podrían resolver.

Cuando parecía que se estaba llegando a una posible resolución, algún evento producía una crisis más. Por ejemplo, en septiembre de 2000, el primer ministro israelí Ariel Sharon y varios cientos de oficiales de policía decidieron visitar el Monte del Templo, considerado como uno de los lugares sagrados por los musulmanes, los judíos y los cristianos. Acuérdese que el Monte del Templo existía desde mucho antes de que se convirtiera en un lugar sagrado para los musulmanes.

La visita se vio como una torta en la cara de los palestinos musulmanes, y resultó en una segunda intifada, la cual sería más violenta que la primera. Ahora el mundo estaba contemplando una sucesión de bombarderos suicidas, furia y una violencia continua.

Como me dijo una vez un líder israelí: "Esta intifada estaba planeada desde meses antes de que Sharon visitara el Monte del Templo".

BAJO UNA OSCURA NUBE

El 11 de septiembre de 2001, el mundo entero se sacudió cuando al Qaeda reclamó la autoría del choque de los aviones de pasajeros contra el World Trade Center en New York, el Pentágono en Washington, D.C. y un campo en Pennsylvania.

Si el mundo no se había polarizado antes, no cabe duda de que lo hizo inmediatamente después de este suceso, el cual paralizó las pocas esperanzas de paz en Oriente Medio. Y con relación al conflicto palestino-israelí, el mundo occidental agrupaba a todos los terroristas suicidas en un mismo saco, independientemente de su causa. Ahora era "ellos contra nosotros".

En las calles árabes, la polémica invasión de Irak por los Estados Unidos fue recibida con alborotos populares. A la vez, el mundo estaba contemplando para ver si era posible que los sunís, chiís y kurdos vivieran juntos en paz. ¿Cuál sería el resultado a largo plazo de una nación democrática en el corazón del mundo árabe?

Recuerdo perfectamente volver al Oriente Medio tras los

atentados del 11 de septiembre en los Estados Unidos. Había un cambio notable en la actitud de los árabes. En varias conversaciones con jordanos y palestinos sentí un orgullo subyacente de haber puesto en evidencia a una superpotencia mundial. Un hombre no pudo resistir decirme: "Le apuesto a que Estados Unidos se sorprendió de que alguien pueda haber hecho algo así".

En el hotel, cuando volví de las emisoras de televisión árabes, comencé a entender por qué el hombre en la calle se sentía tan orgulloso. En vez de hablar sobre la maldad del terrorismo, la interpretación islámica era: "Esto es lo que ocurre tras años de dominio político y económico de occidente".

Mientras tanto, la cuestión palestino-israelí flotaba sobre la región como una oscura nube; y aún lo hace.

Hamas —una organización paramilitar suní— ha estado en el poder en Gaza desde 2006 y tiene una mayoría de escaños en el consejo legislativo elegido de la Autoridad Palestina, controlando así la Ribera Occidental. Hamas rehúsa reconocer el derecho a existir de Israel, y ha jurado reconquistar cada palmo de terreno que ahora pertenece al estado judío.[19]

> **Recuerdo perfectamente volver al Oriente Medio tras los atentados del 11 de septiembre en los Estados Unidos. Había un cambio notable en la actitud de los árabes.**

Hezbolá —el grupo militar chií con base en el Líbano— tiene un historial de retórica antisemita e intervención militar. Está considerado como una organización terrorista por los Estados Unidos y otras muchas naciones.

Irán, aunque está situada más lejos, no es una amenaza menor para Israel. Por eso, el mundo está tan preocupado con la posibilidad de que Irán pueda estar al borde de desarrollar una bomba nuclear. ¿La usarán contra los israelíes?

Como mencioné en la introducción del libro, el presidente iraní Mahmud Ahmedineyad ha hecho declaraciones provocativas, como: "Debo anunciar que el régimen sionista...está a punto de morir y pronto será borrado del mapa geográfico".[20]

Muchos creen que le impulsa su creencia de que el "Doceavo Imán" (también llamado "Mahdi", que nació en el año 869 y supuestamente se ocultó) está a punto de reaparecer; pero sólo regresará cuando el mundo esté en una condición caótica. Algunos llegan incluso a decir que este líder iraní quiere pavimentar el camino para que esto ocurra, incluso aunque conlleve bombardear Israel.

¿QUÉ HAY EN LA AGENDA?

Cuando viajo con nuestro equipo a las naciones del mundo, los cristianos, judíos y musulmanes me preguntan repetidas veces: "¿Qué cree usted que ocurrirá ahora?".

Como yo nací en el Oriente Medio y tengo amigos que simpatizan con todas las partes de estos asuntos, sé lo apasionadas y sensibles que las personas pueden llegar a ser con relación a la cultura, la religión y la política.

Lo que está a punto de leer a partir de ahora no es tan sólo mi opinión personal, sino también las conclusiones a las que he llegado a través de mi estudio de la Palabra de Dios.

Como ministro del evangelio, la Biblia es mi única autoridad, y quiero compartir con usted lo que las Escrituras dicen con relación a los tiempos en los que vivimos y los azarosos días que están a punto de llegar.

Capítulo 12

RECLAMAR LA TIERRA

CUANDO SE MENCIONA LA PALABRA *ÉXODO*, LA MAYORÍA de la gente se imagina a Moisés sacando al pueblo de Israel de la esclavitud de Egipto hacia la Tierra Prometida.

Sin embargo, muchos siglos después, se produjo un segundo éxodo que se convirtió en un importante punto de inflexión en la historia del mundo. Comenzó con el sitio de Jerusalén por el ejército romano en el año 70. El templo de Salomón fue destruido y más de un millón de judíos fueron masacrados. La devastación fue tan grande que la ciudad quedó prácticamente allanada a ras de suelo, dejando un inhabitable campo de piedras. Como veremos, fue un evento que Jesús había profetizado.

En las décadas que siguieron, cientos de poblaciones fueron destruidas y una mayoría de la población judía fue asesinada, vendida como esclavos o forzada a huir de la tierra. En el segundo siglo, la población judía superviviente fue esparcida por todo el mundo conocido.

¿QUIÉNES SON LOS PALESTINOS?

Fueron los romanos quienes primeramente llamaron a la región entre el Mar Mediterráneo y el río Jordán "Palaestina" ("Palestina"), y a esta tierra llegó un flujo continuo de gente de naciones árabes que ahora eran llamados "palestinos". Aunque no existía ninguna nación con ese nombre, y la tierra estaba gobernada por una sucesión de ejércitos invasores, los árabes y sus descendientes que habitaban allí lo hicieron su hogar.

Pero recuerde que esta es la misma tierra conocida como Canaán en la Biblia, la cual previamente había sido habitada por Abraham, Isaac y Jacob, y luego había sido poblada por los israelitas bajo el mandato de Moisés y Josué.

Ahora saltamos hacia delante unos miles de años. El movimiento para que el pueblo judío volviera al territorio del antiguo Israel comenzó a finales de 1800, pero tras el Holocausto durante la Segunda Guerra Mundial, cuando más de seis millones de judíos fueron aniquilados bajo las órdenes de Hitler, los que sobrevivieron comenzaron a clamar incluso más fuerte por su tierra natal. El mundo oyó sus apasionados ruegos, y la comunidad internacional tomó la decisión de devolver a los judíos a la tierra de donde sus antepasados habían sido obligados a salir: Israel.

UNA ATMÓSFERA DE DESCONFIANZA

Imagínese por un momento cómo pudo haber sido para los palestinos el que, en 1948, Israel fuese declarado oficialmente una nación. Yo no tengo que imaginármelo, porque mis padres vivieron esa transición, y, cuatro años después, nací yo en ese ambiente cargado de tensión.

Después que mis padres se casaran y regresaran a Jaffa, todavía existía una atmósfera de desconfianza. Como mi madre y mi padre eran cristianos, intentaron ser neutrales y hacer todo lo posible para mantener las amistades personales tanto con árabes como judíos en nuestro vecindario. Pero había muchos en Jaffa que albergaban un profundo resentimiento, y la menor provocación terminaba en enojo y hostilidad.

> *Imagínese por un momento cómo pudo haber sido para los palestinos el que, en 1948, Israel fuese declarado oficialmente una nación. Yo no tengo que imaginármelo, porque mis padres vivieron esa transición y, cuatro años después, nací yo en ese ambiente cargado de tensión.*

Mi padre me dijo esto: "La guerra cambió totalmente la demografía de Jaffa. Era como vivir en otra ciudad; pero nos adaptamos lo mejor que pudimos".

"¡ESTA TIERRA ES MÍA!"

Para los palestinos, fue prácticamente imposible entender por qué un pueblo que no había residido en el hogar de sus antepasados durante casi dos mil años de repente podía llegar y anunciar: "¡Esta tierra es mía!".

El pueblo judío, sin embargo, veía la situación desde un punto de vista totalmente distinto. Como me explicó un israelí: "¿Qué ocurriría si usted tuviera el título de propiedad de un hogar y le obligaran a irse? Luego, años después, sus hijos o sus descendientes volvieran y reclamaran la propiedad; pero mientras usted estaba fuera, otros hubieran venido y estuvieran viviendo ahí. ¿A quién le pertenece legítimamente la casa?".

La respuesta es bastante obvia; le pertenece al propietario original que aún tiene el título y que pagó la casa.

Según mi Biblia, Dios es el propietario de la tierra, y se la devolvió al pueblo al que se la prometió desde el principio. Recuerde que el Señor hizo este pacto con Abraham: "Y te daré a ti, y a tu descendencia después de ti, la tierra en que moras, toda la tierra de Canaán en heredad perpetua; y seré el Dios de ellos" (Génesis 17:8). Esta misma promesa fue repetida al hijo de Abraham, Isaac (Génesis 26:2-5) y al hijo de Isaac, Jacob (Génesis 28:13), cuyo nombre Dios lo cambió por "Israel".

En la Escritura, leemos:

> Oh vosotros, descendencia de Abraham su siervo, hijos de Jacob, sus escogidos. Él es Jehová nuestro Dios; en toda la tierra están sus juicios. Se acordó para siempre de su pacto; de la palabra que mandó para mil generaciones, la cual concertó con Abraham, y de su juramento a Isaac. La estableció a Jacob por decreto, a Israel por pacto sempiterno, diciendo: A ti te daré la tierra de Canaán como porción de vuestra heredad.
>
> —SALMO 105:6-11

Dios nunca prometió la tierra a los palestinos. Les pertenece a los descendientes de Abraham, Isaac y Jacob.

DESAFIAR LA LÓGICA

El regreso del pueblo judío a Israel creó una situación difícil. Por un lado, Dios estaba diciendo: "Yo poseo la tierra, y quiero que mi pueblo, al cual se la prometí, viva ahí".

Pero los palestinos, cuyos antepasados llegaron de muchas naciones y que habían estado residiendo en el territorio durante generaciones, protestaron diciendo: "¿Y qué ocurre con nuestros derechos? ¡Ahora este es nuestro hogar!".

Esto plantea un gran problema. Tenemos el plan de Dios siendo discutido y debatido por razones humanas. La lógica dice: "Eres injusto. Este es mi hogar. No puedes entrometerte".

Pero el Todopoderoso dice: "Como soy Dios, tengo que mantener mi palabra". Y contra todos los obstáculos, Él restableció al pueblo de Israel de nuevo en su tierra debido a su pacto.

Y cuando Israel se convirtió en una nación, en lo natural, la situación en 1948 parecía imposible. Por ejemplo, Bernard Montgomery, comandante de las tropas aliadas en África del norte y el noreste de Europa, predijo que el nuevo estado de Israel sería derrotado en dos semanas.

> **Desde Génesis hasta Apocalipsis, Israel es la línea de sangre que fluye a través de todo lo que Dios ha hablado. Es la vida de su Palabra.**

¿Cómo pudieron sobrevivir los israelíes cuando siete naciones árabes y los palestinos locales juraron expulsarlos al mar? No sólo sobrevivieron, ¡sino que prosperaron!

Para entender cómo fue eso posible, sólo necesita abrir las páginas del Antiguo Testamento para descubrir lo que Dios dijo sobre Israel a través de sus profetas.

PROMESAS INCREÍBLES

Desde Génesis hasta Apocalipsis, Israel es la línea de sangre que fluye a través de todo lo que Dios ha hablado. Es la vida de su Palabra. Capítulo tras capítulo, vemos a "un pueblo", del cual la iglesia hoy día forma parte. A la vez, esto no anula o cancela la existencia del antiguo pueblo de Israel.

En Isaías leemos: "Ahora, así dice Jehová, Creador tuyo, oh Jacob, y Formador tuyo, oh Israel: No temas, porque yo te redimí; te puse nombre, mío eres tú" (Isaías 43:1).

El Señor no está hablando a cualquier persona sino a Jacob: ¡Israel! El único que puede reclamar que esa nación es suya es el Dios Todopoderoso. ¿Y cómo se puede destruir a un pueblo cuyo Dios es el Señor Altísimo? Es imposible.

Esta es su promesa: "Cuando pases por las aguas, yo estaré contigo; y si por los ríos, no te anegarán. Cuando pases por el fuego, no te quemarás, ni la llama arderá en ti" (versículo 2).

Sí, nosotros, la Iglesia, podemos reclamar estas palabras, pero nunca olvidar que el Señor le estaba hablando a Jacob. "Porque yo Jehová, Dios tuyo, el Santo de Israel, soy tu Salvador; a Egipto he dado por tu rescate, a Etiopía y a Seba por ti. Porque a mis ojos fuiste de gran estima, fuiste honorable, y yo te amé" (versículos 3-4).

Después sigue esta increíble promesa: "No temas, porque yo estoy contigo; del oriente traeré tu generación, y del occidente te recogeré. Diré al norte: Da acá; y al sur: No detengas; trae de lejos mis hijos, y mis hijas de los confines de la tierra" (versículos 5-6).

Estas palabras fueron cumplidas, comenzando con los extraordinarios acontecimientos de 1948.

POR TIERRA, MAR Y AIRE

Desde todos los puntos de la brújula, el pueblo judío comenzó a regresar a su tierra natal. Viajaron desde el este: Irak e Irán; desde el sur: Yemen y Etiopía; desde el oeste: Europa y los Estados Unidos, y desde el norte: Turquía y Rusia; y desde otras muchas naciones.

La profecía de Isaías dice: "Del oriente traeré tu generación" (Isaías 43:5), lo que literalmente significa: "Yo les *llevaré*". He visto películas documentales de ancianos judíos del Yemen, que no podían andar, ser subidos a aviones El Al y enviados a Israel.

Dios también dijo que recogería a Israel desde el oeste (versículo 5). Estas no fueron palabras vacías. *Recoger* significa que vendría una multitud, y, tras el Holocausto, miles de judíos fueron liberados de los campos de concentración y enviados en barcos con destino a Israel. La mano del Todopoderoso es evidente en cada paso.

Dios le dijo después al norte: "¡Entrégalos! (versículo 6). Cuando nacía el Israel moderno, millones de judíos que vivían en la Unión Soviética, se veían incapaces de salir del país porque Stalin había cooperado con las naciones árabes en la guerra fría. Sin embargo, Dios aún estaba en control, planificando el cumplimiento de su promesa.

En octubre de 1986, Mijaíl Gorbachov y Ronald Reagan se reunieron en Islandia y acordaron una reducción significativa de armas nucleares. A decir verdad, los soviéticos no podían seguir el ritmo de la tecnología occidental. Esto marcó el final de la guerra fría y llevó al hundimiento de la Unión Soviética.

Para los judíos residentes en la antigua Unión Soviética, fue como si se hubiera dado una orden desde el cielo: "¡Deja ir a mi pueblo!". En el comienzo de 1990, aproximadamente un millón de judíos rusos huyeron a Israel: de nuevo un cumplimiento profético directo.

Dios le dijo al sur: "¡No no detengas!" (versículo 6). Desde 1948, miles de judíos llegaron a Israel desde Etiopía y Egipto.[1]

REGRESO A LA TIERRA

Además de las palabras de Isaías, Dios habló a través de Jeremías de la dispersión y final regreso del pueblo hebreo a Israel. Como su pueblo había pecado, el Señor dijo que les echaría de la tierra a una tierra que no conocían (Jeremías 16:13); pero luego hizo esta promesa: "Y los volveré a su tierra, la cual di a sus padres" (versículo 15).

Luego Dios añadió: "He aquí que yo envío muchos pescadores...
y los pescarán, y después enviaré muchos cazadores, y los cazarán
por todo monte y por todo collado, y por las cavernas de los peñascos" (versículo 16).

Yo creo que los "pescadores" eran individuos como Henry Kissinger, James Baker y otros que lucharon la guerra diplomática con
la Unión Soviética para que el pueblo judío pudiera volver a Israel.
También vimos a los "cazadores" que antes ayudaron a muchos
judíos a huir de Europa a Israel durante y después de la Segunda
Guerra Mundial.

Vinieron de los montes, las colinas y lugares rocosos. Incontables judíos, incluyendo hombres y mujeres ancianos, caminaron
desde Alemania a través de los Alpes en su arduo, pero gozoso
viaje a Israel.

"UNA GRAN COMPAÑÍA"

La profecía de Jeremías tiene una aplicación doble. El pueblo judío
fue esparcido no sólo por Babilonia durante esa era, sino después,
con la destrucción del templo en el año 70, el pueblo judío fue dispersado de nuevo por todo el mundo. Dios dijo claramente que
irían a una nación que no conocían pero volverían desde todas las
tierras a las que habían sido expulsados. Por tanto, el Señor se estaba refiriendo a algo más que su exilio en Babilonia.

El éxodo ruso está incluido en los escritos de Jeremías cuando
dice Dios:

> No obstante, he aquí vienen días, dice Jehová, en que
> no se dirá más: Vive Jehová, que hizo subir a los hijos
> de Israel de tierra de Egipto; sino: Vive Jehová, que hizo
> subir a los hijos de Israel de la tierra del norte, y de todas

las tierras adonde los había arrojado; y los volveré a su tierra, la cual di a sus padres.

—JEREMÍAS 16:14-15

El Señor cumplió su promesa.

EL MILAGRO HEBREO

Como mencioné en un capítulo previo, una de las profecías más increíbles que se encuentran en la Escritura es el hecho de que cuando el pueblo judío volvió a Israel tras una ausencia de dos mil años, todavía hablaban el mismo lenguaje.

Cuando examinamos la historia de la gente y la cultura, esto parece inconcebible. Piense en Estados Unidos. Tras el flujo masivo de inmigrantes de Europa en los siglos XIX y XX, no se necesitó más de una generación para que los hijos hablaran sólo inglés, y olvidaran la lengua de sus antepasados.

Pero mire lo que la Biblia dijo que ocurriría al pueblo judío dispersado tras su regreso: "Así ha dicho Jehová de los ejércitos, Dios de Israel: Aún dirán esta palabra en la tierra de Judá y en sus ciudades, cuando yo haga volver sus cautivos" (Jeremías 31:23).

El Señor nos estaba dejando saber: "¡Cuando regresen, mi pueblo aún hablará hebreo!".

A lo largo de los siglos, los judíos en todas partes han estudiado y venerado los textos clásicos hebreos. Sin embargo, Dios usó a un hombre llamado Eliezer Ben-Yehuda (1858-1922) para tomar el lenguaje del Antiguo Testamento y crear el hebreo hablado moderno que tenemos hoy. Y cuando el pueblo judío regresó en 1948, según el plan de Dios, tenían un lenguaje común, que es el lenguaje oficial de Israel.

LA PRUEBA MÁS GRANDE

La Reina Victoria de Inglaterra una vez le planteó esta pregunta a su primer ministro, Benjamín Disraeli. Le preguntó:

—¿Podría decirme un versículo de la Biblia que pruebe que hay un Dios?

> **La supervivencia del pueblo judío es la prueba más grande de la existencia de un Dios todopoderoso. Si no hubiera un Dios en el cielo, no quedaría ni un judío sobre la tierra.**

Él pensó por un momento y respondió:

—Puedo darle la respuesta con una palabra.

—¿Cuál es?—quiso saber ella.

Disraeli respondió

—El judío, su majestad.[2]

Con eso, Disraeli quiso decir que la supervivencia del pueblo judío es la prueba más grande de la existencia de un Dios todopoderoso. Si no hubiera un Dios en el cielo, no quedaría ni un judío sobre la tierra.

A medida que estudio la Escritura, el plan de Satanás desde el día uno ha sido aplastar a la nación judía, porque si pudiera destruirlos destruiría la Palabra de Dios.

Sin embargo, eso nunca ocurrirá. Como veremos, según la Escritura, Israel es indestructible.

Capítulo 13

HOJAS EN LA HIGUERA

Con el paso de los años, he acompañado a miles de personas a Tierra Santa, no sólo para visitar los lugares bíblicos, sino también para participar en servicios de adoración donde la unción del Espíritu Santo está presente. Cuando esto ocurre, la experiencia de caminar tras las pisadas de los profetas y de nuestro Señor Jesucristo verdaderamente cobra vida.

Siempre me emociona y sorprende ver a gente en estos viajes con sus Biblias abiertas, leyendo atentamente los pasajes del Antiguo y del Nuevo Testamento que identifican los mismos lugares que están viendo con sus propios ojos.

Nunca olvidaré a un señor anciano en un grupo que no paraba de acribillarme a preguntas sobre la profecía, tales como: "Cuando Jesús vuelva, ¿dónde aparecerá exactamente?", y "¿qué más debe ocurrir antes de la segunda venida?". Sus preguntas eran bien recibidas porque, desde mi conversión, he estudiado la Palabra de Dios con relación a los eventos de los últimos tiempos.

Para entender bien lo que está ocurriendo en Israel y el Oriente Medio hoy día, es esencial que examinemos las profecías tanto del Antiguo como del Nuevo Testamento.

Hace mucho tiempo, el profeta Amós preguntó:

> ¿Se tocará la trompeta en la ciudad, y no se alborotará el pueblo? ¿Habrá algún mal en la ciudad, el cual Jehová no haya hecho? Porque no hará nada Jehová el Señor, sin que revele su secreto a sus siervos los profetas. Si el león ruge, ¿quién no temerá? Si habla Jehová el Señor, ¿quién no profetizará?
>
> —Amós 3:6-8

A veces, olvidamos que Dios está en control de todas las circunstancias —pasado, presente y futuro— y que Él revela estas cosas a través de sus siervos y su Palabra.

LLORAR POR JERUSALÉN

Hay un relato conmovedor escrito en el libro de Lucas cuando Jesús mira a la ciudad de Jerusalén y comienza a llorar. ¿Por qué? Porque vio lo que ocurriría en los días y años venideros.

Jesús les dijo a los que escuchaban: "Porque vendrán días sobre ti, cuando tus enemigos te rodearán con vallado, y te sitiarán, y por todas partes te estrecharán, y te derribarán a tierra, y a tus hijos dentro de ti, y no dejarán en ti piedra sobre piedra" (Lucas 19:43-44). El Señor también dijo: "Y caerán a filo de espada" (Lucas 21:24).

Estas palabras se cumplieron con exactitud en el año 70 cuando (como mencionados anteriormente) los romanos destruyeron Jerusalén y el templo, y no quedó piedra sobre piedra. Usted puede visitar las excavaciones de la ciudad antigua y verlo con sus propios ojos.

Jesús también predijo lo que ocurrió en el año 135 cuando los romanos expulsaron por la fuerza a los judíos de Israel: "...y serán llevados cautivos a todas las naciones; y Jerusalén será hollada por los gentiles, hasta que los tiempos de los gentiles se cumplan" (Lucas 21:24).

LA SEÑAL

Cuando Jesús comenzó a hablar de estos eventos futuros, los discípulos se reunieron a su alrededor en el monte de los Olivos y le pidieron con curiosidad que explicara cuándo ocurrirían estas cosas. También querían saber: "... ¿y qué señal habrá de tu venida, y del fin del siglo? (Mateo 24:3).

Si mira este versículo con detenimiento, se dará cuenta de que los seguidores del Señor querían saber la señal —singular— del regreso de Cristo y el fin del siglo.

Sin embargo, Jesús comenzó detallando una larga lista de lo que deberían buscar, incluyendo los falsos profetas, guerras, hambres, terremotos, el evangelio siendo predicado a las naciones y mucho más (ver Mateo 24:4-31).

Muchos de estos acontecimientos comenzaron a ocurrir inmediatamente después de que Cristo ascendiera al Padre, y han continuado hasta el día de hoy; ¿pero cuál era "la señal" que sería inequívoca?

"HOJAS FRESCAS"

Como tantas veces hizo, Jesús respondió a la pregunta con una historia sencilla, diciéndoles:

> De la higuera aprended la parábola: Cuando ya su rama está tierna, y brotan las hojas, sabéis que el verano está cerca. Así también vosotros, cuando veáis todas estas cosas, conoced que está cerca, a las puertas. De cierto os digo, que no pasará esta generación hasta que todo esto acontezca.
>
> —MATEO 24:32-34

La higuera es Israel, y el Hijo de Dios estaba profetizando del tiempo venidero cuando la nación fuera restablecida; una rama tierna de la que estaban brotando las hojas.

Es esencial entender que en 1948, Israel, la higuera, no volvió a ser plantada; simplemente se estaba despertando y brotando de nuevo. Israel nació cuando Josué tomó posesión de la tierra que Dios le prometió a Abraham. Por tanto, la higuera no es un árbol nuevo. Jesús no dijo que vendría el fin en la generación después que el árbol fuese plantado o cuando echara ramas, sino que el final vendría cuando de la higuera brotaran "hojas frescas".

Una y otra vez, la Escritura confirma que Israel es la higuera de la que habló Jesús. Siglos atrás, Dios dijo a través del profeta Oseas: "Como uvas en el desierto hallé a Israel; como la fruta temprana de la higuera en su principio vi a vuestros padres" (Oseas 9:10), y a través del profeta Joel dijo: "Asoló mi vid, y descortezó mi higuera" (Joel 1:7). El Señor también predijo la restauración de Israel: "...porque los árboles llevarán su fruto, la higuera y la vid darán sus frutos" (Joel 2:22).

EN "ESTA GENERACIÓN"

El aspecto más significativo de esta parábola es que. desde el momento en que las "hojas" de Israel comenzaran a brotar de nuevo, "no pasará esta generación hasta que todo esto acontezca" (Mateo 24:34).

¡Una señal! ¡Una generación! ¿Qué significa esto para usted y para mí?

Es importante notar que, en el tiempo de Dios, una generación son cien años. Recuerde que antes de que los hijos de Israel quedaran cautivos en Egipto, el Señor le dijo a Abraham: "...tu descendencia morará en tierra ajena, y será esclava allí, y será oprimida cuatrocientos años... Y en la cuarta generación volverán acá" (Génesis 15:13, 16).

Como esto es cierto, y el Señor estaba hablando sobre el renacimiento de Israel en 1948, los cien años para que se cumplan estas cosas significa que ocurrirán antes de 2048.

EL VALLE DE LOS HUESOS SECOS

Millones han cantado las palabras del antiguo himno: "Dem Bones, Dem bones, Dem Dry Bones" [Esos huesos, esos huesos, esos secos huesos]. El estribillo continúa: "El hueso del dedo conectó con el hueso del pie. El hueso del pie conectó con el hueso del tobillo", etc.

Bien, hay mucho significado en esta entretenida canción. Está basada en la profecía de Ezequiel que detalla la restauración de Israel, tanto la restauración física (que ya ha ocurrido) como la restauración espiritual de la gente (que está a punto de ocurrir).

Examinemos lo que escribió Ezequiel:

La mano de Jehová vino sobre mí, y me llevó en el Espíritu de Jehová, y me puso en medio de un valle que estaba lleno de huesos. Y me hizo pasar cerca de ellos por todo en derredor; y he aquí que eran muchísimos sobre la faz del campo, y por cierto secos en gran manera. Y me dijo: Hijo de hombre, ¿vivirán estos huesos? Y dije: Señor Jehová, tú lo sabes. Me dijo entonces: Profetiza sobre estos huesos, y diles: Huesos secos, oíd palabra de Jehová. Así ha dicho Jehová el Señor a estos huesos: He aquí, yo hago entrar espíritu en vosotros, y viviréis. Y pondré tendones sobre vosotros, y haré subir sobre vosotros carne, y os cubriré de piel, y pondré en vosotros espíritu, y viviréis; y sabréis que yo soy Jehová. Profeticé, pues, como me fue mandado; y hubo un ruido mientras yo profetizaba, y he aquí un temblor; y los huesos se juntaron cada hueso con su hueso. Y miré, y he aquí tendones sobre ellos, y la carne subió, y la piel cubrió por encima de ellos; pero no había en ellos espíritu.

—Ezequiel 37:1-8

LA RESTAURACIÓN FÍSICA

Desde el momento en que Israel se convirtió en una nación moderna hasta el día de hoy, la visión de Ezequiel se ha cumplido al detalle. Israel ha vuelto: hueso a hueso. La restauración en lo natural ha ocurrido (una nación cubierta de piel), pero todavía están espiritualmente muertos. La nación está unida como un ejército poderoso, pero el ejército no tiene espíritu.

Pero esto es lo que ocurre después. Dios le dijo a Ezequiel que profetizara al viento y dijera: "Así ha dicho Jehová el Señor: Espíritu, ven de los cuatro vientos, y sopla sobre estos muertos, y vivirán" (Ezequiel 37:9).

¿Quién es el viento? Es el Espíritu Santo.

En palabras de Ezequiel: "Y profeticé como me había mandado, y entró espíritu en ellos, y vivieron, y estuvieron sobre sus pies; un ejército grande en extremo" (versículo 10).

De repente, ¡estaban espiritualmente vivos!

> ***Hemos sido testigos de la restauración natural de Israel; ahora estamos a punto de ver su renovación espiritual.***

Luego aprendemos claramente de quién está hablando Dios. El Señor le dijo al profeta: "Hijo de hombre, todos estos huesos son la casa de Israel. He aquí, ellos dicen: Nuestros huesos se secaron, y pereció nuestra esperanza, y somos del todo destruidos" (versículo 11).

Eso es lo que el pueblo judío disperso estaba diciendo antes de su regreso, pero Dios tenía un futuro glorioso esperándoles. Por eso Él ordenó a Ezequiel: "Por tanto, profetiza, y diles: Así ha dicho Jehová el Señor: He aquí yo abro vuestros sepulcros, pueblo mío, y os haré subir de vuestras sepulturas, y os traeré a la tierra de Israel" (versículo 12).

¡DE VUELTA A LA VIDA!

Cuando muchos de los judíos estaban a punto de morir en una Europa destrozada por la guerra, los aliados llegaron y literalmente los sacaron de las garras de la muerte y les devolvieron a la vida.

En Israel, conocí a un anciano de ochenta y siete años que me dijo: "Me sacaron de un campo de concentración nazi casi muerto". Pero ahora se le veía muy sano. El caballero se convirtió en un profesor universitario y en uno de los mejores cirujanos en Israel.

Se ha llevado a cabo un progreso maravilloso en Israel, pero lo mejor está aún por venir. Dios promete: "Y pondré mi Espíritu en vosotros, y viviréis, y os haré reposar sobre vuestra tierra; y sabréis que yo Jehová hablé, y lo hice, dice Jehová" (Ezequiel 37:14).

Hemos sido testigos de la restauración *natural* de Israel; ahora estamos a punto deber su renovación *espiritual*.

EL TERCER DÍA

No fue sólo Ezequiel quien habló del despertar que tocará a la nación judía. El profeta Oseas clamó: "Venid y volvamos a Jehová; porque él arrebató, y nos curará; hirió, y nos vendará" (Oseas 6:1).

Luego dice algo muy significativo: "Nos dará vida después de dos días; en el tercer día nos resucitará, y viviremos delante de él" (versículo 2).

Como en el calendario de Dios "un día es como mil años" (2 Pedro 3:8), estos dos mil años ya han pasado. Ahora Israel está a las puertas de entrar en el tercer día, cuando Dios los levantará espiritualmente.

"Y conoceremos, y proseguiremos en conocer a Jehová; como el alba está dispuesta su salida, y vendrá a nosotros como la lluvia, como la lluvia tardía y temprana a la tierra" (Oseas 6:3).

El mundo tiene sus ojos puestos en la resolución política del conflicto palestino-israelí, pero según la Escritura, el siguiente paso en la agenda de Dios es un avivamiento espiritual poderoso que descenderá sobre Israel.

Cuando Jesús caminó por esta tierra, les dijo a sus discípulos: "Cuando os persigan en esta ciudad, huid a la otra; porque de cierto os digo, que no acabaréis de recorrer todas las ciudades de Israel, antes que venga el Hijo del Hombre" (Mateo 10:23).

Aquí, el Señor se estaba refiriendo al final de los tiempos y el hecho de que Él no volvería hasta que el evangelio se hubiera predicado en todo Israel.

UN NUEVO CORAZÓN

Debido a los eventos que he relatado en este libro, ha sido imposible que esta profecía anterior se cumpliese hasta este día. Hasta hace poco, el pueblo judío no había estado abierto a oír el mensaje de Cristo porque el cristianismo se identificaba con las Cruzadas, Hitler y muchas otras cosas.

Sin embargo, le puedo decir a título personal que en los últimos años hemos comenzado a ver un cambio drástico.

Recuerdo gráficamente un día, hace unos quince años, cuando un taxista judío me obligó a salir de su taxi en Jerusalén por mencionar el nombre de Jesús. No fue una experiencia muy placentera que digamos.

Pero recientemente yo estaba en un estadio en Israel predicando el evangelio a judíos y árabes, proclamando públicamente: "¡Jesús, Jesús!", y juntos cantaban: "¡Aleluya! ¡Aleluya!".

Con frecuencia, me preguntan: "¿Cuáles son las diferencias en las reuniones que lleva a cabo en Estados Unidos y las que hace en Oriente Medio?".

Para ser sincero, antes de tener nuestro primer evento en esa parte del mundo, yo me preguntaba lo mismo, pero todo mi equipo de trabajo le dirá que independientemente de ministrar en Haifa o en Honolulu, cuando desciende la unción del Espíritu Santo, la gente responde de la misma manera. En Israel, Jordania, Dubai y otros lugares de Oriente Medio, hemos presenciado milagros de sanidad, y miles de personas han aceptado a Cristo como su Salvador personal.

Además, como los satélites envían nuestros programas de televisión, el Espíritu de Dios está cubriendo esta parte del mundo a un ritmo vertiginoso. Cada día, recibimos cartas y correos electrónicos de personas en naciones islámicas donde no se nos permite predicar públicamente. El mensaje de Cristo está tocando vidas en todas partes. Por ejemplo, un hombre en Arabia Saudí escribió: "Mi familia vio su programa en la televisión la pasada noche, y cuando usted nos pidió que orásemos con usted para recibir a Jesús en nuestro corazón, nos arrodillamos e invitamos a Cristo a ser nuestro Señor y Salvador".

Hace tan sólo unos años, eran los cristianos palestinos quienes estaban predicando el evangelio a los judíos. ¡Ahora puede encontrar judíos que han aceptado a Cristo predicando a los árabes!

Recientemente, hablé con un judío mesiánico que dirige reuniones regularmente en Jerusalén, y me dijo: "Nunca había visto tanta hambre en los corazones de los judíos. Todas las semanas tanto hombres como mujeres aceptan a Jesús como su Mesías".

El profeta Joel dijo: "Y después de esto derramaré mi Espíritu sobre toda carne, y profetizarán vuestros hijos y vuestras hijas; vuestros ancianos soñarán sueños, y vuestros jóvenes verán visiones. Y también sobre los siervos y sobre las siervas derramaré mi Espíritu en aquellos días...Y todo aquel que invocare el nombre de Jehová será salvo; porque en el monte de Sion y en Jerusalén habrá salvación, como ha dicho Jehová, y entre el remanente al cual él habrá llamado" (Joel 2:28-29, 32).

Dios dijo que reuniría a su pueblo de donde habían sido dispersos y les haría volver a Israel (Ezequiel 11:17), y ahora estamos a punto de ver cómo se hace realidad el resto de esta profecía: "Y les daré un corazón, y un espíritu nuevo pondré dentro de ellos; y quitaré el corazón de piedra de en medio de su carne, y les daré un corazón de carne" (versículo 19).

Comenzando hace miles de años, Dios tenía un plan sobre cómo se desarrollaría todo esto.

Durante la primera Pascua descrita en Éxodo 12, se sacrificó un cordero en cada familia, y la sangre se aplicó sobre los dinteles de las puertas para que el ángel de la muerte no matara a los primogénitos de las familias judías, como ocurriría en las casas de los egipcios a quienes el Señor les había advertido que juzgaría (Éxodo 12:13).

Siglos después, Dios envió a su Hijo Jesús a la tierra como el sacrificio definitivo. Sabiendo que el pueblo judío se identificaría con el concepto de sacrificar corderos y otros animales para el perdón de pecados, Juan el Bautista presentó a Jesús anunciando: "He aquí el Cordero de Dios, que quita el pecado del mundo" (Juan 1:29).

Si ha leído mi libro *La sangre*, entenderá el increíble poder de la sangre de Cristo vertida en la cruz por nosotros. La redención de toda la humanidad fue provista en esa cruz "con la sangre preciosa de Cristo, como de un cordero sin mancha y sin contaminación" (1 Pedro 1:19).

Tras años de derramamiento de sangre y terror, el pueblo

escogido de Dios creará y recibirá al Cordero que fue inmolado como sacrificio final por sus pecados. ¡No me puedo esperar a mañana!

UNA SEÑAL PARA LAS NACIONES

Le estoy pidiendo que centre su atención en Israel, porque es la clave para el futuro de lo que ocurrirá en el Oriente Medio. La Biblia nos dice que todo lo que Dios haga en este planeta, lo hará acorde a su trato con Israel. Por ejemplo, la Biblia nos dice: "Cuando el Altísimo hizo heredar a las naciones, cuando hizo dividir a los hijos de los hombres, estableció los límites de los pueblos según el número de los hijos de Israel" (Deuteronomio 32:8).

También descubrimos que Israel no es sólo una voz profética, sino también la señal para el mundo: "He aquí, yo y los hijos que me dio Jehová somos por señales y presagios en Israel, de parte de Jehová de los ejércitos, que mora en el monte de Sion" (Isaías 8:18).

> *Centre su atención en Israel, porque es la clave para el futuro de lo que ocurrirá en el Oriente Medio. La Biblia nos dice que todo lo que Dios haga en este planeta, lo hará acorde a su trato con Israel.*

LA "RESTITUCIÓN"

La Palabra de Dios deja claro que, antes de la venida del Señor, veremos la restitución (restauración) de Israel. Permítame explicarle.

El apóstol Pedro hizo una declaración poderosa cuando le dijo al pueblo de Israel que los milagros que estaban viendo eran las obras del Mesías a quien ellos habían rechazado. Los instó a arrepentirse y a convertirse para que sus pecados fueran borrados, para prepararles "para que vengan de la presencia del Señor tiempos de refrigerio" (Hechos 3:19).

Pedro estaba hablando de un acontecimiento futuro. "Y él envíe a Jesucristo, que os fue antes anunciado; a quien de cierto es necesario que el cielo reciba hasta los tiempos de la restauración de todas las cosas, de que habló Dios por boca de sus santos profetas que han sido desde tiempo antiguo" (versículos 20-21).

Esto nos hace saber que Cristo no volverá a la tierra en las nubes de gloria hasta que todo haya sido restaurado.

Simplemente no podemos desenredar o entender lo que está ocurriendo en el Oriente Medio o en el escenario mundial sin reconocer el papel central de Israel: el reloj de Dios.

CONECTADOS CON LA IGLESIA

Creo que es algo más que una coincidencia que cuando Israel fue reconstituida como nación, la mano de Dios comenzara a moverse sobre la iglesia cristiana en el mundo de una forma nueva. Comenzó a restaurar los dones del Espíritu.

Hace varios años, mi querido amigo y mentor, el difunto Derek Prince, escribió un libro titulado *Israel and the Church: Parallel Restoration* [Israel y la iglesia: restauración paralela]. En el libro, señala varios acontecimientos históricos en la restauración de Israel y sus correspondientes avivamientos espirituales en la iglesia. Estos son unos cuantos ejemplos:

- Justamente antes del comienzo del siglo XX, el primer congreso sionista aceptó el concepto de Theoder Herzl de que el pueblo judío regresara a sus tierra natal bíblica; en diez años, comenzaron derramamientos del Espíritu de Dios en Topeka, Kansas y Azusa Street en Los Ángeles.[1]

- En 1948, Israel declaró su independencia y se convirtió en una nación; al mismo tiempo, la iglesia comenzó a experimentar el movimiento Lluvia Postrera y el lanzamiento del ministerio evangelístico de Billy Graham.[2]

- En 1967, Israel experimentó una gran victoria en la Guerra de los Seis Días; ese mismo año, el Espíritu Santo se derramó sobre los católicos romanos en Duquesne y luego en Notre Dame, el comienzo de la Renovación Carismática Católica.[3]

Tristemente, la mayoría de los cristianos conocen muy poco sobre la conexión entre Israel y la iglesia. Leen las Escrituras, pero no parecen capaces de unir a los dos.

Dios nos manda que entendamos correctamente la Palabra, incluyendo saber la diferencia entre lo que le pertenece al antiguo pueblo de Dios y lo que le pertenece a la iglesia.

Hoy día, debido a una mala interpretación, la gente dice que nosotros (la iglesia) somos Israel. ¡No tienen razón! No puede existir una teología de la sustitución. Nosotros no somos el antiguo Israel. ¡Los tratos de Dios con su pueblo escogido duran para siempre! Y la iglesia de Jesucristo tiene su lugar en ese olivo, del cual somos ramas.

El plan divino de Dios lo abarca todo, pero sin Israel no hay agenda. Por ejemplo, sin Israel, el milenio no ocurriría, ni tendría lugar el reino futuro de Cristo.

Él sigue siendo el Dios de Abraham, de Isaac y de Jacob, y siempre será el Dios de Israel.

"¡EN UN DÍA!"

Según lo que yo veo en las Escrituras, hay un gran avivamiento espiritual en el horizonte para Israel. El profeta Zacarías escribió: "Porque he aquí aquella piedra que puse delante de Josué; sobre esta única piedra hay siete ojos; he aquí yo grabaré su escultura, dice Jehová de los ejércitos, y quitaré el pecado de la tierra en un día. En aquel día, dice Jehová de los ejércitos, cada uno de vosotros convidará a su compañero, debajo de su vid y debajo de su higuera" (Zacarías 3:9-10).

Como dije anteriormente, hemos visto a esta nación ser restaurada *físicamente*, pero lo que vamos a ver será el mayor milagro en miles de años.

"En un día" Dios restaurará *espiritualmente* a su pueblo escogido para Él mismo. Jesús profetizó que el tiempo de los gentiles se cumpliría, o terminaría, y Dios de nuevo dirigiría su atención a su pueblo: Israel (Lucas 21:24).

El apóstol Pablo repitió este hecho cuando escribió: "que ha acontecido a Israel endurecimiento en parte, hasta que haya entrado la plenitud de los gentiles" (Romanos 11:25).

Aunque hay diferentes interpretaciones sobre cómo ocurrirá esto, la Escritura nos dice: "y luego todo Israel será salvo, como está escrito: Vendrá de Sion el Libertador, que apartará de Jacob la impiedad. Y este será mi pacto con ellos, cuando yo quite sus pecados" (versículos 26-27).

TRES PROFECÍAS SIGNIFICATIVAS

Me dijeron que, durante siglos, los rabinos judíos han estado esperando tres escrituras del Antiguo Testamento que creen que señalan al Mesías. Las dos primeras ya han ocurrido, y la tercera está ocurriendo ante nuestros ojos.

1. Tráfico en las calles de Jerusalén

Nahúm escribió de un tiempo después de que Israel fuera dispersa y perseguida, en que "porque saqueadores los saquearon, y estropearon sus mugrones" (Nahúm 2:2).

Él vio el día en que "el carro como fuego de antorchas; el día que se prepare, temblarán las hayas. Los carros se precipitarán a las plazas, con estruendo rodarán por las calles; su aspecto será como antorchas encendidas, correrán como relámpagos" (versículos 3-4).

El profeta vio autos en Jerusalén y no sabía bien cómo describirlos; vehículos deprisa por las calles de la ciudad que él llamó "por las calles". Estas calles amplias no existían en el tiempo del profeta, ¡pero existen hoy día!

2. La Fuerza Aérea Israelí de 1967

Isaías habló de un futuro día: "Como las aves que vuelan, así amparará Jehová de los ejércitos a Jerusalén, amparando, librando, preservando y salvando" (Isaías 31:5).

En 1948, la Fuerza Aérea Israelí era aún una organización comenzando a formarse. En ese entonces, tenían sólo una colección mezclada de aviones civiles donados, totalmente inadecuada para la batalla, así que usaron su creatividad. Los pilotos solían arrojar botellas de soda de sus aviones para crear un sonido como de un silbido. ¡El enemigo pensaba que se estaba acercando una bomba y huía para salvar su vida!

Pero en la guerra de 1967, los "pájaros" mencionados en Isaías estaban dominando los cielos y defendiendo Jerusalén.

3. El desierto tiene que florecer

Isaías profetizó: "Se alegrarán el desierto y la soledad; el yermo se gozará y florecerá como la rosa. Florecerá profusamente, y también se alegrará y cantará con júbilo; la gloria del Líbano le será dada" (Isaías 35:1-2). El mismo panorama de riqueza del Líbano, con sus majestuosos cedros, se iba a ver en la Tierra Santa que en otro tiempo estuvo tan árida y desierta.

Es absolutamente sorprendente y emocionante ver la restauración de Israel. Antes de 1948, este pequeño territorio no era otra cosa sino desierto y desolación. Durante el imperio otomano, se talaron casi todos los árboles de la tierra, pero Dios sabía lo que depararía el futuro.

Cada vez que regreso a Israel, me quedo sorprendido por la abundancia de palmeras y bananos, y las flores creciendo en abundancia a lo largo de la región. De niño, recuerdo cuando iba a la parte sur de Israel, al Negev. La mayoría de lo que veía era tierra improductiva que estaba prácticamente inhabitable, pero en un viaje reciente regresé al mismo lugar y me quedé sorprendido de lo que vi: acres de cosechas hasta donde me alcanzaba la vista y comunidades brotando por todas partes.

Los profetas de antaño predijeron en detalle lo que está ocurriendo ahora mismo. Dios estaba hablando de Israel cuando declaró por medio de Ezequiel: "Esta tierra que era asolada ha venido a ser como huerto del Edén; y estas ciudades que eran desiertas y asoladas y arruinadas, están fortificadas y habitadas" (Ezequiel 36:35).

Me dijeron que, por todo Israel, la Fundación Nacional Judía ahora había plantado más de 250 millones de árboles. También sé de cierto que muchos cristianos están plantando árboles en Israel. Nuestro propio ministerio ha estado involucrado en la plantación de olivos por todo Israel, e incluso tenemos nuestro propio huerto. Nosotros como cristianos somos parte del cumplimiento de esta profecía.

Lo que en tiempos fueron áridas dunas de arena ahora son huertos ricos y fértiles, que alimentan no sólo a la población de Israel, sino que también exportan fruta y verdura al resto del mundo. De hecho, la economía de Israel sobrepasa a la de muchos países europeos.

Sin embargo, es sólo por un milagro de Dios que esta nación aún está viva.

Como cristianos, sabemos que el Mesías vino a la tierra por primera vez hace dos mil años; sin embargo, el pueblo judío aún está esperándole. Según las Escrituras, Él regresará, e Israel creerá.

¿VIENE YA?

En un reciente viaje a mi tierra natal, estaba cerca del muro de las lamentaciones en Jerusalén, donde había mucha gente orando. Le pregunté a un rabino que estaba allí de pie:

—¿Cree usted que viene ya el Mesías?

—¡Tiene que venir! Es el momento—respondió.

Una famosa canción que tocan todo el tiempo en Israel es: "¿Dónde está el Mesías?". Los judíos están buscando al Mesías y orando ahora más que nunca por su total liberación. Y cuando Cristo vuelva por segunda vez, surgirá el mayor avivamiento que el mundo haya visto jamás en esta tierra que es tan preciosa para Él.

Capítulo 14

¿QUIÉN SE LEVANTARÁ? ¿QUIÉN CAERÁ?

EL 4 DE NOVIEMBRE DE 1995, EL MUNDO QUEDÓ impactado cuando el primer ministro israelí, Isaac Rabin, fue tiroteado cuando salía de una gran concentración de paz en Tel Aviv, a la que asistían unas cien mil personas. El asesino fue un judío ortodoxo que se oponía tan violentamente a que Israel firmase los Acuerdos de Oslo, que quiso salvar al país de ese destino.

Un mes antes, me había reunido con Rabin en Jerusalén. Recibí una invitación del Ministerio de Turismo israelí como una de las tres personas de honor para un banquete. El programa impreso decía que el número de turistas que habíamos llevado a Israel, tuvo un gran impacto económico en el país. El primer ministro estaba presente, y me invitó a reunirme con él al día siguiente en su oficina.

Rabin fue extremadamente cordial, y hablamos mucho con relación al proceso de paz con los palestinos, que se estaba desarrollando en ese tiempo. Luego, la conversación cambió a asuntos espirituales.

—¿Cree que lo que predijeron los profetas se está cumpliendo ahora?—le pregunté al primer ministro.

—Sin lugar a dudas—respondió de inmediato—. Está ocurriendo ante nuestros propios ojos.

Sin embargo, hay un recuerdo que aún tengo vivo. La noche previa, tras la ceremonia de turismo, hablamos en el vestíbulo, y le di gracias a Rabin por el reconocimiento. Luego me di cuenta de que él y su esposa se fueron a su auto y él mismo abrió la puerta.

Le dije a un oficial de una gran agencia de turismo que estaba conmigo: "¿Por qué no tiene a nadie de seguridad con él? Eso no es seguro".

Su respuesta fue: "Oh, andan por aquí". Pero yo seguí preocupado.

Al mes siguiente en la conferencia, Rabin –que no llevaba chaleco antibalas—fue tiroteado en el pecho y abdomen a quemarropa.[1]

DISTORSIONAR LA HISTORIA

Recientemente, tuve una conversación increíble con Dore Gold, antiguo embajador de Israel ante las Naciones Unidas y presidente del Centro de Relaciones Públicas de Jerusalén. Es el autor del libro *The Fight for Jerusalem* [La batalla por Jerusalén].

Con las videocámaras grabando para nuestro programa de televisión, me explicó cómo las fuerzas antijudías están intentando socavar la existencia misma de Israel con mentiras descaradas.

Como un ejemplo, Gold habló sobre lo que ocurrió en el año 2000 al final del histórico encuentro en Camp David con el presidente Clinton, el primer ministro israelí Ehud Barak y Yasser Arafat de la OLP. Tras la larga negociación, según Gold, Arafat hizo esta increíble afirmación: "Los israelíes quieren Jerusalén, pero nunca hubo un templo en Jerusalén. Quizá estaba en Nablus, pero no en Jerusalén".

Luego, Gold añadió: "A favor de Bill Clinton, él le dijo a Arafat que él era cristiano y que, según el Nuevo Testamento, Jesús caminó en el área del templo".

Aún así, la falsa reivindicación de Arafat sobre el lugar del templo intentaba distorsionar no sólo la historia judía sino también la historia del cristianismo.

PROPAGAR MENTIRAS

Usted pensaría que tal falsa declaración se detendría ahí mismo, pero según Gold: "Esta idea de la negación del templo comenzó a propagarse por todo el Oriente Medio como un fuego en un matorral seco. De repente, había seminarios sobre el tema en los Emiratos Árabes Unidos y en las universidades de Jordania".

Para fortalecer su argumento, los propagandistas árabes trajeron profesores ateos de universidades europeas que querían demostrar que la Biblia no era cierta.

Dijo el anterior embajador: "Se juntaban con fundamentalistas islámicos y realizaban seminarios negando la existencia del templo. Era algo extraordinario".

Afortunadamente, la evidencia arqueológica ha demostrado que la Escritura es acertada. Las ruinas del templo de Salomón *están* en Jerusalén.

VERDAD EN LOS ESCOMBROS

Además, las fuerzas antiisraelíes están intentando destruir la evidencia de los lugares cristianos en la Ciudad Santa.

Gold explicaba cómo en 1967, Israel capturó Jerusalén en una guerra de autodefensa. "Tomamos la Ribera Occidental, Judea y Samaria, y la Jerusalén unida."

Desde el advenimiento del islam en el siglo VII y particularmente en el comienzo del siglo VIII, los musulmanes comenzaron a venerar el Monte del Templo, y construyeron la mezquita Al-Aqsa sobre esta piedra tan especial que se cree que era el lugar donde Abraham ofreció a Isaac como sacrificio. Se llama la Cúpula de la Roca, como mencioné en capítulos previos.

Como señaló el embajador Gold, Moshe Dayán, que era el ministro de defensa en la época, tuvo que decidir qué hacer con esos lugares islámicos. Dayán anunció que Israel tendría la soberanía, pero la administración del Monte del Templo y los lugares sagrados islámicos estaría en manos del Ministerio de Asuntos Religiosos de Jordania. Ellos serían los que decidirían quién hablaría en las mezquitas, y el Ministerio se ocuparía de su mantenimiento.

Este arreglo funcionó bien hasta la década de 1990, cuando el Ministerio palestino de Asuntos Religiosos tomó las riendas. Quienes estaban al mando se radicalizaron bajo una administración islámica. Dijo Gold: "Comenzaron a cavar en el Monte del Templo, sacando toneladas de escombros arqueológicos aún sin examinar; y sabían que había antigüedades judías y cristianas en esos escombros. Algunos de nuestros arqueólogos han revisado cuidadosamente lo que se desechó y descubrieron cosas increíbles".

> *El ataque sobre el pasado bíblico de Jerusalén es sólo un preludio para poner en tela de juicio su futuro político. Yo estoy extremadamente preocupado con que las fuerzas políticas de los Estados Unidos, Europa y las Naciones Unidas estén intentando dividir Jerusalén.*

UNA OLA DE INTOLERANCIA

Lo que Gold estaba queriendo decir es que la destrucción de la herencia arqueológica de la civilización occidental desgraciadamente se está propagando en el mundo islámico. Hay una ola de intolerancia. Iglesias cristianas en Pakistán, Irak y otros países islámicos han sido destruidas.

El ataque sobre el pasado bíblico de Jerusalén es sólo un preludio para poner en tela de juicio su futuro político. Yo estoy extremadamente preocupado con que las fuerzas políticas de los Estados Unidos, Europa y las Naciones Unidas estén intentando dividir Jerusalén.

La lucha es real, y está ocurriendo ahora.

LOS TENTÁCULOS

Confrontaciones como la que presencié en la frontera de Gaza e Israel, descritas en las páginas iniciales de este libro, son sólo una probada de los eventos que restan.

Las profecías de Ezequiel desvelan la alineación de las naciones que se levantarán contra Israel en los últimos tiempos. Creo que esta guerra ya ha comenzado, y lo hizo cuando Irán decidió crear lo que yo llamo "un pulpo con tres grandes tentáculos": Hezbolá rondando por el norte, Hamas amenazando desde el sur, y Siria esperando en el este.

En el año 2006, Israel luchó lo que se conoció como la Segunda Guerra del Líbano. El desencadenante fue cuando militantes de Hezbolá dispararon a propósito cohetes dirigidos a ciudades fronterizas de Israel. Esto fue una diversión para un ataque con misiles antitanques sobre dos Humvees armados que estaban patrullando el lado israelí de la verja fronteriza. Había siete soldados israelíes en los dos vehículos: dos estaban heridos, tres fueron muertos y dos fueron raptados y llevados al Líbano.[2]

En un intento de rescate fallido, cinco soldados israelíes más perdieron sus vidas.

Esto produjo una respuesta masiva de parte del estado judío, incluyendo fuego de artillería y ataques aéreos en objetivos en Líbano. La destrucción incluyó gran parte de la infraestructura civil libanesa. Israel paralizó el aeropuerto de Beirut, el cual se decía que estaba usando Hezbolá para hacer llegar armas y materiales.

Tras un conflicto de treinta y cuatro días, en el que murieron más de mil personas[3], hubo una percepción en el mundo árabe de que Hezbolá había ganado, principalmente porque fueron corriendo a los medios de comunicación a propagar el mensaje: "¡Todavía estamos aquí! ¡No nos han derrotado, y somos una fuerza con la que se tienen que enfrentar!".

UNA CRECIENTE AMENAZA

No cabe duda de que Hezbolá está ganando fuerza en el Líbano, y muchos lo llaman "un estado dentro de un estado". Aunque los votantes libaneses derrotaron por completo a Hezbolá el 6 de junio de 2009, la mayoría de los observadores concuerda en que Hezbolá ganará más poder en futuras elecciones en el Líbano.

Esto es lo que me preocupa. Basado en mis conversaciones con oficiales del gobierno en Israel, cada vez es más claro que es sólo cuestión de tiempo antes que el Líbano quede totalmente controlado por Irán.

Cuando el cabecilla de las operaciones de terror de Hezbolá, Imad Mughniyeh, fue asesinado en 2008, la Guardia Revolucionaria Iraní entró a reemplazarlo y proporcionar gran parte del liderazgo. Como me dijo un oficial: "Cada mes, cientos de militantes de Hezbolá son llevados a Irán para ser entrenados". Con la preocupación visible en su rostro, me dijo: "El mundo está comenzando a aceptar a Hezbolá y a darle legitimidad como entidad política, pero nunca olviden que las mismas personas controlan también el ala militar, y su único objetivo es destruir a Israel".

Si ve las noticias, sabrá que la zona cero de este objetivo es Gaza.

UNA SALIDA BAJO PRESIÓN

Quizá se pregunte: "¿Cómo se descontroló la situación en Gaza?".

Durante años, los gobiernos de occidente han dicho: "Si queremos que haya algún indicio de paz, los israelíes tienen que mostrar buena fe desmantelando sus asentamientos en Gaza y devolviendo totalmente el territorio a los palestinos".

Según los Acuerdos de Oslo, la Autoridad Palestina tenía supervisión administrativa sobre Gaza, pero los asentamientos judíos y la milicia israelí seguían permaneciendo allí.

El primer ministro Ariel Sharon tuvo poca fe en que ese nuevo plan funcionaría, pero la presión mundial era demasiado grande; por eso, el 12 de septiembre de 2005, todo el personal israelí —incluyendo los asentados— salió.

Después, en las elecciones palestinas de 2006, Hamas ganó por mayoría simple. Eso provocó una guerra civil entre Hamas y Al Fatah (que controlaba la Autoridad Nacional Palestina). Al año siguiente, Hamas había superado cualquier resistencia en Gaza y se había autodeclarado como el gobierno legítimo del territorio.

Debido al suministro continuo de armas desde el régimen de Teherán, esto hace que Hamas sea el segundo mayor tentáculo del pulpo iraní.

LA VISTA GORDA

En febrero de 2009, los Estados Unidos anunciaron que estaban contribuyendo con 900 millones de dólares para reconstruir la franja de Gaza tras el reciente conflicto[4]; pero como un analista político me dijo: "Si Estados Unidos da el dinero a través de las Naciones Unidas, es como darle un cheque en blanco al mismo Hamas".

A ojos de Israel, Hamas ha lanzado miles de cohetes a su país en los últimos años mientras los observadores de las Naciones Unidas aparentemente hicieron la vista gorda y no hicieron prácticamente nada para detener la agresión.

Los israelíes con los que he hablado quieren ver a Hamas neutralizada militarmente, porque no creen que pueda ser destruido como movimiento político. Como compartió conmigo un diplomático israelí: "Tienes que recordar que Hamas se ganó la simpatía de la gente construyendo una vasta red de servicios sociales: hospitales, escuelas, mezquitas, orfanatos y bancos de alimentos; pero ahora, los que están bajo su dominio están haciendo frente a la cruda realidad causada por el aventurismo militar".

Los residentes de Gaza son conscientes de que lo que Hamas les ha aportado desde el año 2007 ha sido sólo destrucción y sufrimiento. También es una creencia muy extendida en Israel que si los fondos para la reconstrucción de Gaza los gestiona la Autoridad Palestina en lugar de Hamas, la población se volverá a ellos en busca de un futuro liderazgo.

> *Los israelíes con los que he hablado, quieren ver a Hamas neutralizada militarmente, porque no creen que pueda ser destruido como movimiento político.*

¿DEBERÍA ISRAEL HACER CONCESIONES?

Son muchos los que creen que si Israel se retirara de más partes de su territorio, disminuirían las llamas de la furia islámica radical; pero mire lo que pasó cuando, en un gesto de buena voluntad y paz, se les devolvió Gaza a los palestinos. Hamas se metió y la violencia aumentó.

Debido a su endeble posición, Israel está teniendo cuidado de no antagonizar con las fuerzas externas más de lo que sea absolutamente necesario. Por ejemplo, en vez de decir a Hamas: "Les destruiremos", se ha tomado la postura de: "Si continúan lanzando cohetes desde Gaza a civiles israelíes inocentes, tomaremos represalias con una fuerza abrumadora".

Sin embargo, como vimos en la confrontación de Gaza de 2009, Israel aguantó lo más recio de la crítica mundial por intentar defenderse.

ESCUDOS HUMANOS

Un oficial me dijo: "Hamas está abusando de la población palestina. Si tienes un hogar propio en Gaza, los líderes de Hamas aparecen en tu puerta y preguntan: '¿Tienes sótano?'. Si tu respuesta es sí, dicen: 'De acuerdo, vamos a meter ochenta misiles en tu sótano'".

Y no se pueden negar.

¿Qué hace Israel en una situación como esta? Los militares encuentran el número del teléfono celular de la persona propietaria de la casa y le dicen: "Nuestra inteligencia nos dice que tiene ochenta misiles almacenados en su sótano que servirán para ser disparados contra ciudades israelíes. Por favor, saque a su familia de la casa con todo lo que pueda. Tienen una hora; después bombardearemos su casa".

El oficial continuó: "Ponemos nuestro máximo empeño para

limitar las bajas civiles, pero el mundo describe al ejército israelí como si fuéramos monstruos".

Los terroristas y revolucionarios practican este inquietante patrón de usar humanos como escudos donde se libran las guerras. Sin embargo, esta práctica, según los estatutos de las Naciones Unidas de 1947 y la Convención de Génova, es un crimen contra la humanidad y sancionable por las leyes internacionales.

ARMAS DE DESTRUCCIÓN MASIVA

Esto nos lleva a Siria, oficialmente conocida como la República Árabe Siria. Comparte la frontera noreste de Israel, y creo que es el tercer gran tentáculo del pulpo de Irán.

Incluso antes del nombramiento del presidente Bashar al-Assad en el año 2000, ya existía una alianza muy estrecha con Irán. Por ejemplo, Siria respaldó a Irán en su guerra en 1980 con Irak, y hoy ofrece apoyo económico a Hezbolá, y muchos están convencidos de que es un conducto para el transporte de armas desde Irán.

Los expertos militares internacionales sostienen que Siria tiene un gran almacén de armas químicas; algunos sostienen que las pasaron de contrabando a través de la frontera sirio-iraquí al comienzo de la guerra de Irak en 2003.[5]

Sin embargo, Israel cree que Siria tiene una agenda mucho más dañina bajo la manga.

Justamente después de la medianoche del 6 de septiembre de 2007, varios aviones F-151 israelíes cruzaron la frontera siria. Su objetivo era un alijo de materiales nucleares —probablemente suplido por Corea del Norte— en unas instalaciones a cincuenta millas de la frontera de Irak.[6]

El lugar se destruyó totalmente. Claro está, Siria negó tener cualquier ambición nuclear.

Permítame hacer una pausa en este instante para hacer hincapié en algo. Se ha sospechado desde hace mucho que Corea del Norte suple armas y materiales nucleares a los enemigos de Israel. Mientras escribo este libro, Corea del Norte está probando bombas nucleares que podrían fácilmente terminar en manos de Siria, Irán, al Qaeda u otros enemigos de Israel y de Occidente. Este alarmante desarrollo nos acerca un paso más a una confrontación de proporciones catastróficas.

AMENAZAS PARA LA ESTABILIDAD NACIONAL

Cuando viajo por Oriente Medio, se hace evidente que tanto Egipto como Jordania están también en una endeble posición por su compromiso de establecer la paz con Israel.

En Egipto, la Muslim Brotherhood (Fraternidad musulmana), un movimiento islámico ultraconservador, está ganando fuerza como un partido político en la oposición y una amenaza para la estabilidad nacional, así como para el régimen de Mubarak.

Debido al acuerdo de paz que Egipto tiene con Israel, los iraníes y sus aliados han fijado la nación como objetivo para una final toma del poder.

Durante mi último viaje a Israel, un diplomático hizo esta observación: "Básicamente, debido a la participación del gobierno iraní con Hamas en Gaza, Egipto ya comparte una frontera con Irán".

No debería sorprendernos que Egipto haya sido muy crítica con la influencia de Irán en los territorios palestinos; y con razón. Ellos pueden ver el avivamiento de los militantes islámicos en su nación, por no hablar de que hay muchos jihadistas endurecidos por la lucha que han regresado a Egipto tras combatir en Irak. ¿Podrían alistarse para una nueva causa?

> *"Tanto Irak como Irán son predominantemente chiís, y cuando Estados Unidos se retire [de Irak], Irán entrará".*

¿UNA JORDANIA RODEADA?

El vecino de Israel al este, Jordania, se está enfrentando a otro peligro. Tras el anuncio de que el presidente Barack Obama retiraría las tropas estadounidenses de Irak, los líderes jordanos se preocuparon mucho. ¿Por qué? Según me dijeron: "Tanto Irak como Irán son predominantemente chiís, y cuando Estados Unidos se retire, Irán entrará. Religiosamente, estas dos naciones son hermanas".

Esto dejaría a Jordania rodeada por tres lados de estados pro iraníes.

Imagínese este escenario. Si Israel fuera forzado a ceder la Ribera Occidental (Judea y Samaria) en una proposición de paz, la opinión de muchos observadores del Oriente Medio es que Hamas tomaría las riendas del gobierna allí como lo hacen en Gaza. Eso significaría que Jordania quedaría encajonada por todos sus lados por la influencia iraní.

Si esto llegara a ocurrir, los gobiernos de Egipto y Jordania probablemente serían derrocados.

BOMBAS ATÓMICAS, MISILES Y PAKISTÁN

Otra nación inquietante es Pakistán. Su liderazgo está apoyado sobre un terreno extremadamente inestable.

Estados Unidos ha invertido miles de millones en esta nación en un intento de estabilizar su gobierno y detener el curso de una conquista terrorista.[7] Una de las mayores preocupaciones es el hecho de que Pakistán ya es una potencia nuclear.

Pakistán comenzó su programa nuclear en 1972 para hacer frente a su rival, India, y, en 1998, los pakistaníes habían probado cinco dispositivos nucleares. Hoy día, tiene un programa de enriquecimiento de uranio activo con miles de centrífugas. Se cree que China es el primer proveedor de su tecnología.

Uno de los aspectos que más asustan de la actual situación tiene que ver con los informes de que algunas secciones del ejército pakistaní simpatizan con los objetivos de al Qaeda y los talibanes. Esto nos lleva a la siguiente pregunta: "¿Tienen los líderes pakistaníes el control total del arsenal nuclear de la nación?".

Como escribió recientemente el editor de asuntos exteriores Simon Tisdale en el periódico londinense *Guardian*: "Hace mucho tiempo que la incertidumbre ha rodeado el almacén nuclear de Pakistán. El país no es un firmante del tratado de no proliferación nuclear ni del tratado de prohibición de pruebas exhaustivas. Tampoco ha sometido sus instalaciones nucleares a la inspección internacional desde que se unió al club nuclear en 1998, cuando detonó cinco artefactos nucleares. Se calcula que Pakistán actualmente tendrá unas 200 bombas atómicas".[8]

Mientras que la atención mundial ha estado enfocada en otros lugares, lentamente, pero de forma segura, los talibanes han estado expandiendo su pisada y conquistando más territorio. Muchos creen que es sólo cuestión de tiempo antes de que el gobierno pakistaní se meta más de lleno en el desorden y se venga abajo.

Las treguas firmadas a comienzos de 2009 entre el gobierno pakistaní y los talibanes están demostrando ser fútiles. Cuando este libro se esté imprimiendo, se calcula que haya un millón de personas sin hogar huyendo de la violencia y la lucha entre las fuerzas pakistaníes y los militares talibanes en el valle de Swat.[9] El gobierno pakistaní está decidido a sacar de su escondrijo a los militantes en la región, y la secretaria de estado, Hillary Clinton, dice que la administración de Obama planea usar los mismos métodos en Pakistán que la administración de Bush usó en Irak para arrancar de raíz "al núcleo de los extremistas y terroristas" y traer la estabilidad al país.[10]

¿Qué ocurrirá con las bombas atómicas y los misiles? El reloj está en marcha; ¡el tigre está merodeando, acercándose cada vez más!

UN PUEBLO TOSCO Y RUDO

Durante varios años, los Estados Unidos han estado involucrados en una guerra en Afganistán.

Los que creen que es una batalla que se puede ganar tienen que echar una larga y fija mirada a la historia. Son un pueblo tosco y rudo, que escucha a sus caudillos y pasa su tiempo en los campos cultivando opio.[11]

Siglo tras siglo, los forasteros han llegado sólo para que los expulsen. Gran Bretaña lo intentó y fracasó. Luego, en 1979, la Unión Soviética invadió Afganistán. La ocupación rusa terminó con la matanza de aproximadamente un millón de civiles afganos, y más de cinco millones huyeron del país.

Los rusos, tras perder más de quince mil soldados en diez años de intensa lucha, finalmente abandonaron la lucha y volvieron a sus casas. Como resultado, la URSS perdió gran parte de su influencia en el mundo.

¿CONDENADO AL FRACASO?

Aprovechando el vacío, se metieron los talibanes, con sus estrictas leyes islámicas. A las niñas, se les prohibió asistir a la escuela, y las mujeres fueron excluidas de poder trabajar. Había fuertes represalias por violar sus leyes. Por ejemplo, los ladrones eran castigados con la amputación pública de una mano o un pie.[12]

Bajo los talibanes, al Qaeda y su líder, Osama bin Laden, recibieron una base desde la que operar.

Luego llegaron las tragedias de New York, Washington y Pennsylvania el 11 de septiembre de 2001. La represalia de los Estados Unidos contra Afganistán no se hizo esperar, expulsando a al Qaeda de la nación, derrocando a los talibanes del poder e instalando un nuevo liderazgo, incluyendo que las mujeres pudieran votar y presentarse como candidatas a algún cargo.

Sin embargo, desde principios de 2007, los talibanes comenzaron a dejarse ver nuevamente, con un aumento de ataques insurgentes.

Ha habido un aumento constante en el número de tropas de la OTAN, y el presidente Barak Obama ha anunciado un aumento de las tropas estadounidenses; pero si podemos aprender algo del pasado, es esto: ni miles de millones de dólares en ayuda ni cien mil soldados triunfarán. Como me dijo un militar: "Los Estados Unidos finalmente se retirarán de Afganistán, y volverá a ser de nuevo una nación en manos de los talibanes".

Por eso, muchos creen que Afganistán presenta un reto mucho mayor para la política exterior de los Estados Unidos que el de Irak.

EL RESURGIMIENTO RUSO

No debemos ignorar a Rusia. Mientras los líderes mundiales están preocupados con otros asuntos, Vladimir Putin y las marionetas que coloca en el poder son agresivos en su objetivo de recuperar su estatus como poder militar internacional.

Impulsados por miles de millones procedentes de ingresos por el petróleo, Rusia (el "oso del norte") se está armando con una nueva generación de misiles y aviones. El mundo ha visto cómo los bombarderos rusos han ampliado sus patrullas en cientos de millas sobre los océanos. Esto ha forzado a los Estados Unidos y la OTAN a usar sus interceptores por primera vez desde el final de la guerra fría.

La expedición militar rusa de 2008 en el estado de Georgia fue para enviar una señal de que no tienen miedo de emplear su poder.

De mayor preocupación es el hecho de que Rusia está respaldando totalmente el programa nuclear iraní[13] y ha demostrado, una y otra vez, que protegerá a Irán ante un ultraje mundial.

En un mundo de arenas movedizas y alianzas peligrosas, los que buscan la paz se ven presionados a encontrar respuestas.

Capítulo 15

LA AMENAZA IRANÍ

A L REPASAR EL ORIENTE MEDIO, HAY UN PELIGRO amenazante en todas direcciones. Sin embargo, cada día se ve más claro que la amenaza número uno es Irán, que se ve a sí misma emergiendo como el máximo poder del Oriente Medio.

En 1979, cuando el Shá de Irán fue destituido y tomó el poder el ultra religioso Ayatolá Jomeini, el nuevo liderazgo comenzó a hablar de exportar la revolución islámica a otras partes del mundo; y eso es exactamente lo que han estado haciendo.

Ahora, bajo el presidente Mahmud Ahmedineyad, están más decididos que nunca a propagar su capacidad militar, ideología y ayuda económica a grupos revolucionarios en el Oriente Medio y más allá.

ESCALADA DE TENSIONES

Quizá la mayor amenaza sea la constante marcha de Irán hacia el desarrollo de armas nucleares. Al mundo exterior, dice que el único objetivo es producir energía para su pueblo, pero los hechos cuentan otra historia.

Irán simplemente ignora las resoluciones de las Naciones Unidas y hace caso omiso de las sanciones económicas de países extranjeros. No cederá ante la presión internacional, y parece totalmente decidida a seguir con sus objetivos nucleares.

Cuando esta ambición se mezcla con interminables declaraciones de los líderes de Irán para borrar a Israel del mapa del Oriente Medio, uno puede ver por qué aumentan las tensiones.

Si Israel se ve arrinconado en una esquina y el mundo rehúsa actuar, puedo decirle, tras haber hablado con sus líderes, que habrá una serie de ataques aéreos contra todas las instalaciones nucleares iraníes que hará que la respuesta de Israel en Siria parezca menor en comparación.

> *Irán simplemente ignora las resoluciones de las Naciones Unidas y parece totalmente decidida a seguir con sus objetivos nucleares.*

El general estadounidense David Petraeus, recientemente declaró que "el gobierno israelí puede en última instancia llegar a verse tan amenazado por la posibilidad de un arma nuclear iraní que necesitaría una acción militar preventiva para descarrilarla o retrasarla".[1]

UNA CONFRONTACIÓN CATACLÍSMICA

Los acontecimientos se están desarrollando a un paso muy rápido.

Justamente después de la segunda guerra del Líbano de 2006, los autores proféticos Grant Jeffrey, Mike Evans y yo nos reunimos con Benjamín Netanyahu en el Hotel King David en Jerusalén. Hablamos sobre la influencia de Irán en el Líbano, y yo le pregunté: "¿Cómo es posible que Israel no pueda derrotar totalmente a Hezbolá?".

Él me explicó cómo la presión de las naciones occidentales hizo que el liderazgo de Israel se retirase.

En ese encuentro con Netanyahu, me sentí dirigido a darle a "Bibi", como le llaman, una palabra profética que el Señor había puesto en mí. Le dije: "Usted va a ser el siguiente primer ministro de Israel".

Él no sólo aceptó esas palabras, sino que también sonrió y respondió: "Bueno, ¡venga y vote por mí!".

En otras dos ocasiones, le dije a Bibi Netanyahu lo mismo, así que no me pilló por sorpresa cuando, tras unas discutidas elecciones en febrero de 2009, fue nombrado primer ministro.

Creo que Dios le ha ordenado para esa posición, y que es lo suficientemente fuerte para soportar las enormes presiones que vendrán sobre Israel durante los días venideros.

Recientemente, él se reunió con el presidente Obama en Washington, D.C. Netanyahu llegó a la Casa Blanca con el programa nuclear de Irán como prioridad de su agenda. "Nunca ha habido un tiempo en el que árabes e israelíes vean una amenaza común como lo vemos hoy día", dijo Netanyahu.[2]

Con relación a Irán, Netanyahu ha expresado tanto en público como en privado esta preocupación: "No es bueno que un culto apocalíptico mesiánico controle las bombas atómicas".[3]

Se estaba refiriendo a Mahmud Ahmedineyad de Irán, que se mueve por la creencia de que el "Doceavo Imán" está a punto de aparecer en la tierra, pero se necesitará el caos mundial para que esto ocurra. Y muchos opinan que eso es lo que motiva las ambiciones nucleares de Irán.

No puedo enfatizar más la importancia de esta creencia musulmana chií.

Una y otra vez, cuando el líder iraní habla en público, comienza con referencias a ese evento. Por ejemplo, cuando Ahmedineyad habló en la universidad de Columbia en 2007, sus frases de apertura fueron: "Oh Dios, acelera la llegada del Iman al-Mahdi y concédele buena salud y victoria, y haznos seguidores suyos".[4]

Este doceavo imán supuestamente se escondió en el siglo IX a la edad de cinco años, e innumerables musulmanes creen que su regreso estará precedido de un "caos cósmico, guerra y derramamiento de sangre". Creen que tras una "confrontación cataclísmica con la maldad y las tinieblas, el Mahdi llevará al mundo a una era de paz universal".[5]

Irán sostuvo una candente lucha durante las elecciones de junio de 2009 por el escaño presidencial, al reelegir a Ahmedineyad a un segundo término. Muchos titulares afirman que le robaron las elecciones al pueblo, porque la gran mayoría de los iraníes informa que votaron por un cambio, pero Ahmedineyad fue declarado el ganador. Las revueltas antes y después de las elecciones pueden ser señales de malestar, sobre todo entre la juventud iraní. Me parece que ese malestar continuará creciendo y muy bien podría llevar a Irán a una segunda revolución. Mientras tanto, hay días de peligro por venir para la gente de Irán y resto del mundo, debido al régimen actual.

Hay muchos que sienten que Ahmedineyad es sólo un presidente marioneta del Ayatolá Alí Jamenei, el líder supremo de Irán, quien se presume tenga la máxima autoridad en el país, y que también comparte la misma ideología religiosa que Ahmedineyad. Así, puede que no importe demasiado quien gobierne Irán en el futuro, ya que la misma fuerza activa estará empujando sus acciones.

Israel se estremece con la idea de que las armas nucleares estén en manos de hombres con este punto de vista religioso. Me han dicho en más de una ocasión: "Los líderes de Irán están intentando provocar el caos mundial, para acelerar la venida de este imán escondido".

LA "BOMBA INTELIGENTE"

Como no saben lo que ocurrirá mañana, Israel está dando pasos para estar preparado para lo peor.

Encabezando la lista de peticiones militares está una "bomba inteligente" ("bunker buster") capaz de penetrar las centrifugadoras subterráneas de enriquecimiento de uranio de Irán. Pues bien, ¡ya las tienen!

Según el *Jerusalem Post*, Israel recibió la aprobación del Congreso de los Estados Unidos para comprar mil bombas inteligentes en septiembre de 2008. Los oficiales de la Fuerza Aérea israelí dijeron: "El primer cargamento…llegó a primeros de mes [diciembre de 2008] y se usó con éxito para penetrar las lanzaderas subterráneas Kassam de la franja de Gaza durante el intenso bombardeo aéreo de las infraestructuras de Hamas".[6]

Las pruebas llevadas a cabo en los Estados Unidos han demostrado que la bomba, llamada GBU-39, es capaz de explotar a través de al menos 90 centímetros (36 pulgadas) de cemento reforzado con acero.[7] Se dice que es una de las bombas más precisas del mundo.

> *Si Israel toma la decisión de bombardear Irán, puede estar seguro de que encontrará una manera.*

Sin embargo, soltar un arma de este tipo sobre objetivos iraníes presenta muchos retos. Si mira en un mapa, para una ruta directa, Israel necesita los permisos para "sobrevolar" desde Jordania e Irak.

Jordania no debería ser un problema, pero si los aviones israelíes tuvieran que volar sobre Irak, donde los Estados Unidos están en proceso de entregar el espacio aéreo al gobierno de Irak, no está claro cuál podría ser el resultado.

Para poder sobrevolar Irak, Israel tendría que obtener "códigos de no conflicto" —los códigos necesarios para mantener los aviones de Israel fuera de conflicto con los aviones norteamericanos en la región— de los Estados Unidos. Pero según el antiguo secretario de estado, James Baker, en una entrevista de la CNN con Fareed Zakaria el 5 de abril de 2009, Israel ha pedido esos códigos dos veces a los Estados Unidos y ambas veces se los han denegado. Esto es lo que dijo Baker:

> La administración de George W. Bush, en los últimos meses de la presidencia, rechazó la petición de Israel de las bombas destructoras de refugios y los códigos de no conflicto; y los permisos para sobrevolar Irak.
>
> Ahora bien, eso es algo que ya denegamos a Israel también en la primera Guerra del Golfo. Ellos pidieron los códigos de no conflicto. La [primera] administración Bush hizo eso.
>
> …No puedo sentarme aquí y predecir si la administración de Obama dirá: está bien, aquí tienen las bombas destructoras de refugios, y estos son los códigos de no conflicto, pero dos administraciones anteriores, una de las cuales se vio como favorablemente dispuesta a conceder todo lo que Israel quería, rehusó hacerlo.[8]

Lo último que Israel necesita es, o bien que los Estados Unidos o Irak disparen a sus aviones. Las únicas rutas alternativas desde Israel a Irán son por encima de Turquía por el norte y Arabia Saudí por el sur; y ambos países probablemente denegarían el permiso.

Sin embargo, si Israel toma la decisión de bombardear Irán, puede estar seguro de que encontrará una manera.

¿APLACAMIENTO O DERROTA?

La mayoría de la gente en Occidente piensa que todas las personas del Oriente Medio quieren vivir en paz. Lo he oído una y otra vez: "Déjenlos tranquilos y que vivan en paz".

Otros comentan: "¿Para qué molestarse con Irán? Esto es tan sólo otra conspiración de los mismos que nos dieron Irak".

Intente decirle eso a la Agencia Internacional para la Energía Atómica, que sabe lo cerca que está Irán de anunciar que tiene la cantidad necesaria de uranio enriquecido para crear una bomba nuclear.

Lo que da urgencia a esta amenaza es que Irán ya ha probado sus misiles, los cuales pueden alcanzar Israel o cualquier otro país del Oriente Medio que no se adhiera a su interpretación de las prácticas islámicas. Por eso, muchos llegan a esta conclusión: "No se puede aplacar a Irán; hay que derrotar a Irán".

La mayoría de la gente que vive fuera de la región no llega a entender del todo el asunto de Irán. Tiene una agenda revolucionaria e intenta establecer la ley Sharia (o islámica) donde sea posible.

UN ENEMIGO COMÚN

Como mencioné en la introducción de este libro, recientemente entrevisté al Dr. Ely Karmon, un erudito de la investigación para el Instituto Internacional para contrarrestar el terrorismo en Israel. Comenzamos hablando sobre el tema de por qué ciertas fuerzas del Oriente Medio —que superficialmente tienen puntos de vista muy diferentes— pueden formar una coalición con los mismos objetivos. Por ejemplo, Hamas y Siria son predominantemente suníes, mientras que Hezbolá e Irán son chiís.

El Dr. Karmon me dijo: "Todos ellos tienen un pensamiento

religioso, radical y extremista, y también creen en la jihad, una guerra santa por el islam".

Siguió diciendo: "Siria está interesada en incorporarse a ellos porque tienen los mismos enemigos: los Estados Unidos, las democracias occidentales e Israel".

Karmon siguió explicando que el verdadero motor de esta coalición es Irán, con sus recursos materiales y humanos (es decir, petróleo), además de un liderazgo que sabe exactamente cuáles son sus objetivos finales.

Tuve la oportunidad de preguntarle a este hombre muy respetado: "¿Qué es lo que quiere realmente Irán?".

Me contestó: "Tienen dos agendas distintas. Una es la religiosa. Según la doctrina del Ayatolá Jomeini (que fue el responsable de la revolución de 1979 en Irán), todos los musulmanes, chiís y suníes, deben unir sus esfuerzos para luchar contra la arrogancia de Occidente y derrotar al estado judío porque, según ellos, ocupa lugares sagrados que él sentía que deberían pertenecer al islam".

Además de los objetivos religiosos o ideológicos, el Dr. Karmon habló sobre la agenda personal de Irán. "Quieren ser el poder dominante del Oriente Medio, y están en vías de conseguirlo".

Es obvio que Irán desea restaurar la gloria e influencia del antiguo Imperio Persa.

MOMENTO PARA INTERFERIR

Continuó explicando que, paradójicamente, las guerras libradas por los Estados Unidos en Irak y Afganistán, de hecho han fortalecido a los iraníes.

Mire, cuando los Estados Unidos invadieron Irak —lo cual, por cierto, el presidente Bush inició con la autorización total del Congreso, la aceptación de la población de los Estados Unidos en general, y la sanción de las resoluciones de las Naciones Unidas llamando al desarme de Irak— y derrocó el régimen de Sadam Hussein, quitamos del poder a uno de los mayores enemigos de Irán.

De igual forma, cuando los Estados Unidos lanzaron la Operación Libertad Duradera tras el 11 de septiembre y comenzó la guerra en Afganistán, le quitamos a Irán la presión de tratar con los talibanes en Afganistán, la cual había estado aumentando la tensión en la frontera afgano-iraní durante décadas.

Puede que entrásemos en Irak y Afganistán con la mejor de las intenciones, pero nuestra implicación no ha establecido una rápida estabilidad en ninguno de estos países. Si queremos seguir controlando a Irán, creo que la manera en que salgamos de estos países terminará siendo infinitamente más importante que cómo entramos.

Aunque la influencia de los Estados Unidos encierre a Irán prácticamente por los cuatro costados (Pakistán, Afganistán, Irak, Turquía), estas guerras tan largas le han dado a Irán el tiempo necesario para interferir en los planes de los Estados Unidos.

LA ALIANZA QUE VIENE

Una gran preocupación que yo oigo muy a menudo cuando viajo a Oriente Medio es que, tanto Irán como Irak son gobiernos chiís y comparten un trasfondo religioso común, se unirán.

Si estudia lo que ha estado ocurriendo durante la guerra de Irak, Irán ha estado apoyando económicamente a los partidos políticos chiís en Irak, incluso llevando a sus líderes a Irán para construir relaciones.

Por ejemplo, el primer ministro de Irak, Nuri Maliki, recientemente instó a las empresas iraníes a invertir en su nación y ayudar con la reconstrucción. Dijo Maliki: "Hacemos un llamamiento a las empresas iraníes a venir y trabajar e invertir en Irak y a contribuir en el proceso de construcción del país". Y añadió: "Queremos ver que las relaciones con Irán prosperan en todos los sectores".[9]

Hay una creciente preocupación de que tan pronto como las tropas de los Estados Unidos salgan de Irak, la influencia de Irán en ese lugar se intensificará hasta tal extremo que tendrá una influencia considerable sobre Irak.

¿QUÉ VIENE DESPUÉS?

Los líderes mundiales se están preguntando qué ocurrirá después. ¿Tendrá éxito Irán en su intento de dominar el Oriente Medio?

Como ministro del evangelio que soy, tengo que mirar lo que la Palabra de Dios me dice que ocurrirá en estos últimos tiempos. ¿Cuál será el resultado? ¿Cómo terminará la historia?

Capítulo 16

LA BATALLA DE LOS SIGLOS

C UANDO ABRO LAS PÁGINAS DE MI BIBLIA, ME SORPRENDE que hace aproximadamente dos mil seiscientos años, Dios hablara a través de un profeta del Antiguo Testamento llamado Ezequiel con relación a lo que está ocurriendo hoy día en el Oriente Medio, incluso nombrando las naciones implicadas.

Anteriormente discutimos cómo el renacimiento de la nación judía es un cumplimiento directo de la profecía. Ahora viene lo que la Biblia describe como una invasión militar multinacional de Israel.

Ezequiel escribió:

> Vino a mí palabra de Jehová, diciendo: Hijo de hombre, pon tu rostro contra Gog en tierra de Magog, príncipe soberano de Mesec y Tubal, y profetiza contra él, y di: Así ha dicho Jehová el Señor: He aquí, yo estoy contra ti, oh Gog, príncipe soberano de Mesec y Tubal.
>
> —EZEQUIEL 38:1-3

"Gog" (que significa "sumamente exaltado") es el título de una persona que dirige "Magog", que es el nombre de la antigua nación que ahora llamamos Rusia. "Mesec y Tubal" están registrados como los nombres primitivos de las antiguas capitales de la Rusia oriental y occidental, Moscú y Tobolsk.

La profecía continúa:

> Y te quebrantaré, y pondré garfios en tus quijadas, y te sacaré a ti y a todo tu ejército, caballos y jinetes, de todo en todo equipados, gran multitud con paveses y escudos, teniendo todos ellos espadas; Persia, Cus *(Etiopía)* y Fut *(Libia)* con ellos; todos ellos con escudo y yelmo.
> —Ezequiel 38:4-5 (cursivas añadidas)

No sólo Rusia invadirá Israel, sino que Rusia estará también aliada con Persia (Irán), una alianza que está bien documentada.

> *Hace dos mil seiscientos años, Dios habló a través de un profeta del Antiguo Testamento llamado Ezequiel con relación a lo que está ocurriendo hoy día en el Oriente Medio, incluso nombrando las naciones implicadas.*

UN EFECTO DOMINÓ

La Etiopía mencionada en la Escritura se refiere a la actual Somalia y Sudán. Los gobiernos militares que favorecen los regímenes islámicos dirigen estas naciones.

Libia también forma parte de la invasión. En años recientes, su líder, Muammar Gadafi, ha estado haciendo gestos de buena voluntad hacia Occidente, pero la nación sigue declarándose enemiga de Israel.

Nuevamente, quiero que fije sus ojos en la Hermandad Musulmana en Egipto. Si el gobierno de Egipto se viene abajo, probablemente produciría un efecto dominó que radicalizaría los países que le rodean, incluyendo la actual Etiopía. Incluso Libia teme un levantamiento de estos fundamentalistas islámicos.

LOS TURCOS DAN UN GIRO HACIA EL RADICALISMO

Las siguientes naciones mencionadas en esta increíble profecía de la invasión venidera incluyen a "Gomer, y todas sus tropas; la casa de Togarma, de los confines del norte, y todas sus tropas; muchos pueblos contigo" (Ezequiel 38:6).

"Gomer" se refiere principalmente a las naciones de Europa del Este, y "Togarma" es una región que incluye la actual Turquía, que está al norte de Israel.

Durante años, aunque Turquía ha sido una nación musulmana, su gobierno ha tomado un enfoque secular en cuanto a los temas religiosos y culturales. Desarrollos recientes, sin embargo, marcan un cambio importante. En las elecciones de 2002, la Justicia pro islámica conservadora y el partido Development Party (AKP) se alzaron con el poder, y ha estado aumentando su dominio desde entonces. Ahora está formando unos vínculos más estrechos con Rusia y el mundo musulmán. Por ejemplo, en vez de considerar a Hamas y Hezbolá como organizaciones terroristas, el gobierno turco ahora dice que estos grupos representan partidos del mundo árabe con los que hay que contar en vez de antagonizar.

El 29 de enero de 2009, en el Fórum Económico Mundial en Davos, Suiza, el primer ministro turco, Recep Erdogan, salió como un huracán de la reunión durante una acalorada discusión con el presidente israelí Simon Peres por la situación de Gaza. Erdogan, que literalmente le gritó a Peres, fue recibido como un héroe cuando regresó a casa.[1]

Según Ezequiel, Turquía es parte de la invasión venidera.

UNA ALIANZA CON JORDANIA

Además, puede esperar que las alianzas cambien. Según las Escrituras, Israel se aliará con Jordania.

La actual Jordania está compuesta por los países bíblicos de Edom, Moab y Amón. Isaías profetizó:

> Sino que volarán sobre los hombros de los filisteos al occidente, saquearán también a los de oriente; Edom y Moab les servirán, y los hijos de Amón los obedecerán.
>
> —ISAÍAS 11:14

> Cual ave espantada que huye de su nido, así serán las hijas de Moab en los vados de Arnón. Reúne consejo, haz juicio; pon tu sombra en medio del día como la noche; esconde a los desterrados, no entregues a los que andan errantes. Moren contigo mis desterrados, oh Moab; sé para ellos escondedero de la presencia del devastador; porque el atormentador fenecerá, el devastador tendrá fin, el pisoteador será consumido de sobre la tierra.
>
> —ISAÍAS 16:2-4

"SALVADA DE LA ESPADA"

La profecía de Ezequiel continúa: "De aquí a muchos días serás visitado; al cabo de años vendrás a la tierra salvada de la espada [que significa los judíos siendo rescatados del Holocausto], recogida de muchos pueblos, a los montes de Israel, que siempre fueron una desolación; mas fue sacada de las naciones, y todos ellos morarán confiadamente" (Ezequiel 38:8).

La razón por la que a Israel se le ha permitido "morar confiadamente" hasta este punto del tiempo se debe a que es la entidad militar más poderosa del Oriente Medio.

Sin embargo, la prueba verdadera está por venir.

"UN VERDADERO INFIERNO"

Veamos estas profecías a la luz de la actual situación.

En las pasadas décadas ha habido una limitación en armas nucleares debido a las negociaciones, los elementos disuasorios y los tratados; pero si Irán consigue llevar a cabo su desarrollo de "la bomba", prácticamente todas las naciones del Oriente Medio se apresurarán a mantener la paz. El mundo de repente entraría en una espiral descontrolada, y habría un Egipto nuclear, una Arabia Saudí nuclear, una Turquía nuclear, etc. ¡Podría ser un verdadero infierno!

Los israelíes saben que sólo se necesitaría un ataque nuclear de Irán para acabar con la mayoría de su país. Así, todos los indicios señalan a Israel pasando a la ofensiva y no permitiendo que suceda esta catástrofe.

Si Israel ataca a Irán primero, Rusia se convertirá en su peor enemigo. Recuerde que Rusia ya está muy involucrada en ayudar a las ambiciones nucleares de Irán.

DIOS ENTRA EN ESCENA

Debido a los problemas económicos internos, creo que la influencia estadounidense se debilitará en la escena mundial. Cuando los Estados Unidos se retiren militarmente, eso le dará a Rusia la libertad y la oportunidad de hacer lo que quiera; y cuando sienta que es el momento adecuado, invadirá Israel.

Según las Escrituras, Rusia atacará, pero Dios va a declararles la guerra a los invasores. "He aquí yo estoy contra ti, oh Gog, príncipe soberano de Mesec y Tubal" (Ezequiel 39:1).

Luego, el Todopoderoso entra en el conflicto:

> Y te quebrantaré, y te conduciré y te haré subir de las partes del norte, y te traeré sobre los montes de Israel; y sacaré tu arco de tu mano izquierda, y derribaré tus saetas de tu mano derecha. Sobre los montes de Israel caerás tú y todas tus tropas, y los pueblos que fueron contigo; a aves de rapiña de toda especie, y a las fieras del campo, te he dado por comida.
>
> —EZEQUIEL 39:2-4

¡Como los arcos y las flechas ya no se usan en las guerras, creo que Ezequiel estaba usando el lenguaje de su tiempo para describir la destrucción de cohetes y misiles dirigidos hacia Israel!

Una guerra nuclear está a punto de explotar en esta región. Vendrá "como tempestad; como nublado para cubrir la tierra" (Ezequiel 38:9).

¿UNA SOLUCIÓN DE DOS ESTADOS?

Esto nos lleva al tema que ha dominado nuestros titulares durante décadas: un estado para Palestina.

Occidente sigue apostando urgentemente por un estado palestino independiente; sin embargo, durante mis recientes visitas a Israel, he sentido un temor cada vez mayor de que eso sería un desastre. La preocupación número uno es que si la Ribera Occidental (la Judea y Samaria bíblicas) se le entrega a los palestinos, Hamas entrará y la situación se convertirá en un polvorín de lanzamiento de misiles.

Si la historia reciente sirve como ejemplo, nunca lograremos satisfacer las demandas del islam radical. En breve no será tan sólo un problema aislado del Oriente Medio, sino una crisis mundial.

Por eso existe un consenso cada vez mayor de que, para preservar nuestra herencia judeocristiana, Jerusalén debe permanecer bajo la soberanía de Israel.

> *Dios le dio la tierra a Israel. Por tanto, independientemente de los acontecimientos que ocurran a corto plazo, finalmente Israel tendrá el título del territorio que el Todopoderoso les prometió.*

El 14 de junio de 2009, Benjamín Netanyahu, pronunció un innovador discurso en el cual ofreció —por primera vez— apoyar al estado de Palestina. Así es como el *New York Times* lo describió:

El domingo, por primera vez, el primer ministro de Israel, Benjamín Netanyahu, aprobó el principio de un estado palestino al lado de Israel, pero bajo la condición de que el estado estuviese desmilitarizado y que los palestinos reconocieran a Israel como el estado del pueblo judío.

En un discurso muy esperado que fue, en parte, como una respuesta a lo que se refirió el presidente Obama en El Cairo el 4 de junio, el Sr. Netanyahu invirtió la postura que por tanto tiempo ha tenido de estar opuesto al estado palestino, una medida vista como una concesión a la presión de Estados Unidos.

Sin embargo, Netanyahu rechazó firmemente las exigencias de Estados Unidos de congelar totalmente los asentamientos israelíes en Cisjordania, el tema de una rara disputa pública entre Israel y su más importante aliado en un asunto visto como uno decisivo para las negociaciones de paz.

Su aprobación al estado palestino, dada la advertencia, fue rechazada de inmediato por los palestinos como algo imposible.[2]

A pesar del hecho de que los árabes rechazaron rápidamente la oferta de Netanyahu, considero que será muy probable que continúen las conversaciones sobre la solución de los dos estados. No creo que la solución para los dos estados se convierta en una realidad, porque los ciudadanos de Israel no lo permitirán. Aguantarán lo máximo posible, pero al final dirán no, debido a lo que significaría para su futura existencia.

Me han preguntado: "¿Qué ocurriría si Palestina se convierte en un estado con fronteras especificadas? ¿No aportaría eso la paz que Oriente Medio ha buscado durante tanto tiempo?".

Dije anteriormente que Dios le dio la tierra a Israel. Por tanto, independientemente de los acontecimientos que ocurran a corto plazo, finalmente Israel tendrá el título del territorio que el Todopoderoso les prometió. Como este es un asunto de vital importancia, ya estoy preparando mi próximo libro, enfocado totalmente en el problema palestino-israelí, y que incluye una información exhaustiva de mis múltiples reuniones con altos cargos del gobierno desde "todos los lados de la mesa". También compartiré lo que le ocurrirá a la región y a los palestinos según las Escrituras.

APOYO DECRECIENTE

Repasando lo que está ocurriendo en otras partes del Oriente Medio, creo que la guerra en Afganistán será un esfuerzo en vano. Recuerde que la Unión Soviética perdió su influencia mundial cuando finalmente abandonó la lucha en 1989 tras una invasión de diez años fallida.

Después de años en Irak, y cuando los Estados Unidos finalmente se retiren de Afganistán, habrá muy poco apoyo del pueblo estadounidense para luchar futuras guerras en esa parte del mundo.

Existe otro gran problema del que hemos de ser conscientes. Con la propagación del islam radical en el Oriente Medio, se provocará una indisposición de las naciones en el mundo árabe de apoyar a Norteamérica en cualquier otra actividad.

> **Debido a los problemas económicos internos, creo que la influencia estadounidense se debilitará en la escena mundial.**

¿UN HOMBRE DE PAZ?

Esto nos lleva a plantearnos lo siguiente: ¿Estará Estados Unidos listo y dispuesto para defender a Israel mañana? Si los estadounidenses se cansan de luchas en el extranjero, ¿apoyarían la salvación de la nación judía?

Permítame responder a esta pregunta de la siguiente manera. No creo que Estados Unidos vaya a ayudar a Israel, pero independientemente de la respuesta de Estados Unidos, ¡Dios estará ahí para Israel! En la guerra que surgirá por una invasión del norte, el Señor todopoderoso mismo derrotará a Rusia y sus aliados.

En ese momento, voces se levantarán clamando por un hombre que traiga la paz. Este es el anticristo del que hablaron los profetas del Antiguo Testamento. Daniel dijo: "Vendrá sin aviso y tomará el reino con halagos" (Daniel 11:21).

Este supuesto héroe prometerá salvar al mundo de los problemas globales que parecen insuperables. Miles de millones le aclamarán como un "salvador" que nos conducirá a una nueva era; pero cuidado, la Biblia nos dice: "Con su sagacidad hará prosperar el engaño en su mano; y en su corazón se engrandecerá, y sin aviso destruirá a muchos" (Daniel 8:25).

UNA CORONA DE GLORIA

Israel también pondrá su confianza en el poder del anticristo y hará un acuerdo con él para protegerles. El profeta Isaías habló de esto cuando dijo: "Pacto tenemos hecho con la muerte, e hicimos convenio con el Seol... porque hemos puesto nuestro refugio en la mentira, y en la falsedad nos esconderemos" (Isaías 28:15). Dios expondrá las mentiras del Anticristo y le destruirá totalmente. Este "pacto con la muerte y con el Seol" se acabará.

Esto ocurrirá al final de los siete años de tribulación de los que nos habla la Escritura.

El resultado de este conflicto dará gloria al Señor. Luego Dios dice que Israel le buscará para su liberación. "Y sabrán que yo soy Jehová su Dios, cuando después de haberlos llevado al cautiverio entre las naciones, los reúna sobre su tierra, sin dejar allí a ninguno de ellos. Ni esconderé más de ellos mi rostro; porque habré derramado de mi Espíritu sobre la casa de Israel, dice Jehová el Señor" (Ezequiel 39:28-29).

NO MÁS LÁGRIMAS

A menudo me preguntan: "¿Cómo puede ser tan optimista y positivo en un mundo lleno de guerra y conflicto?".

Es porque conozco el plan divino de Dios desde este momento en adelante. Para los que han aceptado a Cristo, la vida no termina con un holocausto nuclear, sino con un acontecimiento mucho más grande y triunfante. La Biblia nos dice: "Porque el Señor mismo con voz de mando, con voz de arcángel, y con trompeta de Dios, descenderá del cielo; y los muertos en Cristo resucitarán primero. Luego nosotros los que vivimos, los que hayamos quedado, seremos arrebatados juntamente con ellos en las nubes para recibir al Señor en el aire, y así estaremos siempre con el Señor. Por tanto, alentaos los unos a los otros con estas palabras" (1 Tesalonicenses 4:16-18).

Nos dirigimos hacia una tierra donde no habrá más guerras, ni lloros: "Enjugará Dios toda lágrima de los ojos de ellos; y ya no habrá muerte, ni habrá más llanto, ni clamor, ni dolor; porque las primeras cosas pasaron" (Apocalipsis 21:4).

Durante esta batalla de los siglos, habrá sangre en la arena, pero Dios entrará en escena con una muestra increíble de su poder y gloria.

¡Y reinaremos con Él por los siglos de los siglos!

> *Para los que han aceptado a Cristo, la vida no termina con un holocausto nuclear, sino con un acontecimiento mucho más grande y triunfante.*

LA PAZ DE JERUSALÉN

Hoy día, cuando los conflictos en el Oriente Medio se recrudecen, es obvio que estamos viviendo en días tan señalados como lo son 1948 y 1967. En su discurso pronunciado en la Universidad de El Cairo el 4 de junio de 2009, el presidente Barak Obama sostuvo que estaba en busca de "un nuevo comienzo entre Estados Unidos y los musulmanes en todo el mundo".[3] Además, él citó el Corán e hizo referencias de su segundo nombre, Hussein.

Obama le dijo al mundo que el vínculo entre Estados Unidos e Israel es irrompible, pero también declaró: "Estados Unidos no le dará la espalda a la legítima aspiración de los palestinos de obtener dignidad, oportunidad y su estado propio".[4]

Además, hizo un llamamiento a Israel de detener los asentamientos en Cisjordania. No puedo comenzar a expresarle el significado de las palabras del Presidente sobre el mundo árabe. En mi siguiente libro, trataré esa situación con mucho más detalle.

A medida que sigo hablando con los líderes de esta región, veo que son totalmente conscientes de este momento tan serio y peligroso. Cualquier estudiante de la profecía o de historia conoce la rapidez con la que se puede pasar de un alto el fuego a una violencia extrema.

A menudo me preguntan: "¿Qué significan estos cumplimientos proféticos para los creyentes cristianos de todo el mundo?".

Primero, creo que los cristianos deben "orar por la paz de Jerusalén" (Salmo 122:6). Sin la intervención de Dios, la situación se hará más y más peligrosa a medida que otras naciones se pongan del lado de los terroristas.

Segundo, yo le animo a que se instruya manteniéndose al corriente de la información de todos los recursos fiables que pueda sobre Israel y el Oriente Medio. Una vez que conozca los hechos, podrá dar su opinión. Conviértase en un defensor de los asuntos de Israel y el Oriente Medio ante su iglesia, ante grupos de estudiantes de los campus universitarios y especialmente de sus representantes gubernamentales.

Tercero, los acelerados eventos de la actualidad crean una mayor necesidad de propagar el mensaje de Cristo a toda velocidad. No es el momento de dudar. Es una llamada de atención para todos los cristianos. Es bastante simple: el reloj avanza muy rápido, pero este puede ser nuestro mejor momento para proclamar el evangelio con valentía, sin importar lo que esté ocurriendo en el mundo. Proféticamente, somos testigos presenciales de uno de los puntos de inflexión más importantes de toda la Historia, y debemos ser conscientes del hecho de que ésta muy bien podría ser nuestra última oportunidad para compartir el amor de Dios. El final de este siglo se acerca rápidamente, y mientras aún quede tiempo, nuestro Señor Jesús nos ha llamado a decir a las naciones que Él es el Cordero de Dios, sacrificado por los pecados del mundo.

EL ÚNICO CAMINO A DIOS

Los cristianos debemos estar preparados para explicar que todos hemos pecado (Romanos 3:23), que no hay justo ni siquiera uno, y que el pago de nuestro pecado es la muerte. Pero Dios envió a su Hijo Jesús como sustituto. Jesús murió en nuestro lugar para que podamos tener vida eterna con Dios en el cielo.

Jesús vino a la tierra, vivió una vida sin pecado, murió y resucitó para que todas las personas del mundo pudieran recibir el perdón de pecados y experimentar una relación con Jehová Dios.

Jesús es el *único* camino a Dios. Él es el *único* camino al cielo. En las Escrituras, Jesús dice:

> Yo soy el camino, y la verdad, y la vida; nadie viene al Padre sino por mí.
>
> —Juan 14:6

> Venid a mí todos los que estáis trabajados y cargados, y yo os haré descansar.
>
> —Mateo 11:28

Ningún otro profeta, figura religiosa o líder mundial en la historia de la humanidad ha hecho una declaración similar. Jesús quiere que usted le entregue sus problemas a cambio del descanso, paz y amor de Él.

Ninguna otra figura religiosa le ofrece este tipo de amor. Jesús es el único que demostró su amor muriendo en la cruz por usted. Él es el único que resucitó de la muerte y está vivo. Reitero: Él es el *único* que resucitó de la muerte, y por eso Él es el *único* camino a Dios.

Querido lector, si nunca ha aceptado a Cristo como su Salvador personal, le pido que haga la oración más importante de su vida conmigo. Repita cada frase en voz alta según lee la oración que sigue.

> *Amado Señor Jesús:*
>
> *Creo que eres el Hijo de Dios. Creo que viniste a la tierra hace dos mil años. Creo que moriste por mí en la cruz y derramaste tu sangre para mi salvación. Creo que resucitaste de la muerte y ascendiste en las alturas. Creo que volverás otra vez a la tierra. Amado Jesús, soy un pecador y te necesito. Perdona mis pecados. Límpiame ahora con tu sangre preciosa. Ven a mi corazón. Salva ahora mismo mi alma. Te entrego mi vida. Ahora te recibo como mi Salvador, mi Señor y mi Dios. Soy tuyo para siempre, y te serviré y te seguiré el resto de mis días. Desde este momento en adelante, te pertenezco solamente a ti. Ya no pertenezco a este mundo ni al enemigo de mi alma. Te pertenezco a ti, amado Jesús, eternamente, y soy nacido de nuevo.*
>
> *¡Amén!*

Al hacer esta oración, confesando sus pecados y recibiendo a Jesucristo en su corazón, Dios le ha dado el derecho de convertirse en su hijo perdonado. La Biblia se lo asegura: "Mas a todos los que le recibieron, a los que creen en su nombre, les dio potestad de ser hechos hijos de Dios" (Juan 1:12).

He titulado este libro *Sangre en la arena* porque he escrito sobre una región donde los terroristas suicidas, insurgentes y militantes con una variedad de objetivos están haciendo que la sangre fluya en la arena.

Pero el título de este libro tiene un doble significado, y me lleva al corazón de mi mensaje, porque la única respuesta real para el conflicto es lo que ocurrió en Jerusalén hace dos mil años. En una solitaria cruz en el Calvario, Jesús, el Hijo de Dios, derramó su preciosa sangre por los pecados de la humanidad. La Biblia nos dice que sin derramamiento de sangre, no hay remisión de pecados (Hebreos 9:22), y sabemos que "la sangre de Jesucristo su Hijo nos limpia de todo pecado" (1 Juan 1:7). *Su* sangre fluyendo en las arenas del desierto para traer salvación y sanidad a los judíos, musulmanes y todas las personas es la única esperanza del Oriente Medio.

Los diplomáticos del gobierno están diseñando resoluciones al conflicto mientras hablamos, y muchos creyentes están orando por la paz. Sin embargo, esto sólo se producirá cuando hombres y mujeres de todas las naciones se arrodillen y reciban al Príncipe de Paz.

Gracias a Jesús, hay esperanza.

Notas

INTRODUCCIÓN
¡TESTIGOS OCULARES DE LA HISTORIA!

1. TehranTimes.com, "Ahmadinejad Applauded at Durban II for Call to Abolish UN Veto," 21 de abril de 2009, http://www.tehrantimes.com/index_View.asp?code=192720 (consultado el 14 de mayo de 2009).

2. Ibíd.

3. Tovah Lazaroff, "Delegates Walk Out on Ahmadinejad," *Jerusalem Post*, 20 de abril del 2009, http://www.jpost.com/servlet/Satellite?cid=1239710738337&pagename=JPost%2FJPArticle%2Fprinter (consultado el 14 de mayo de 2009).

CAPÍTULO 2
UNA TIERRA DESGARRADA POR LOS CONFLICTOS

1. Coalition for International Justice, "New Analysis Claims Darfur Deaths Near 400,000," *Sudan Tribune*, 24 de abril de 2005, http://www.sudantribune.com/article.php3?id_article=9236 (consultado el 7 de mayo de 2009).

2. Lydia Polgreen, "Darfur: The Genocide Continues," TheFreeLibrary.com, http://www.thefreelibrary.com/Darfur:+the+genocide+continues:+more+than+200,000+people+have+been...-a0157946235 (consultado el 7 de mayo de 2009).

3. John Hagan and Wenona Rymond-Richmond, "Darfur Crime Scenes: The Mass Graves of Darfur," en *Darfur and the Crime of Genocide* (New York: Cambridge University Press, 2008), http://www.cambridge.org/us/catalogue/catalogue.asp?isbn=9780521731355&ss=exc (consultado el 17 de noviembre de 2008).

4. Arab Press Network, "Algeria," http://arabpressnetwork.org/newspaysv2.php?id=84 (consultado el 27 de marzo de 2008).

5. AlJazeera.net, "Many Dead in Algeria Suicide Attack," 9 de septiembre de 2007, http://english.aljazeera.net/news/africa/

2007/09/2008525143019920248.html (consultado el 7 de mayo de 2009).

6. Steven Erlanger, "Toll Expected to Rise as Israelis Return Home After Egypt Blasts," *New York Times*, 8 de octubre de 2004, http://www.nytimes.com/2004/10/08/international/middleeast/08CND-MIDE.html?ex=1254974400&en=ed0ab4675049481c&ei=5090&partner=rssuserland (consultado el 16 de abril de 2009).

7. Summer Said, "Massacre in Sharm el-Sheikh," *Arab News*, 24 de julio de 2005, http://www.arabnews.com/?page=4&section=0&article=67407&d=24&m=7&y=2005 (consultado el 16 de abril de 2009).

8. Abdel-Rahman Hussein, "Al-Qaeda Ruled Out in Cairo Attack," AlJazeera.net, 25 de febrero del 2009, http://english.aljazeera.net/focus/2009/02/2009225103044630383.html (consultado el 12 de mayo de 2009).

9. BBC News, "Quick Guide: Hezbollah," 26 de agosto del 2006, http://news.bbc.co.uk/2/hi/middle_east/5262484.stm (consultado el 16 de abril de 2009).

10. Office of the Coordinator for Counterterrorism, "Chapter 3, Country Reports on Terrorism: Iran," *State Sponsors of Terrorism*, U.S. Department of State, 30 de abril de 2008, http://www.state.gov/s/ct/rls/crt/2007/103711.htm (consultado el 16 de abril de 2009).

11. Rafik Hariri Foundation, "Rafik Al-Hariri's Biography," http://rhf.org.lb/index.php?option=com_content&task=view&id=9&Itemid=12 (consultado el 7 de mayo de 2009).

12. Guardian.co.uk, "Grave Failings All Around," 30 de enero de 2008, http://213.52.201.86/Default/Skins/DigitalArchive/Client.asp?Skin=DigitalArchive&enter=true&AW=1239892655126&AppName=2 (consultado el 16 de abril de 2009).

13. Pamela Constable, "Islamic Law Instituted in Pakistan's Swat Valley," *Washington Post*, 17 de febrero de 2009, http://

www.washingtonpost.com/wp-dyn/content/article/2009/02/16/ AR2009021601063.html (consultado el 16 de abril de 2009).

14. Nick Fielding y Sarah Baxter, "Saudi Arabia Is Hub of World Terror," TimesOnline, 4 de noviembre del 2007, http://www .timesonline.co.uk/tol/news/world/middle_east/article2801017.ece (consultado el 16 de abril de 2009).

15. Charles M. Sennott, "Why bin Laden Plot Relied on Saudi Hijackers," *Boston Globe*, 3 de marzo de 2002, http://www.boston .com/news/packages/underattack/news/driving_a_wedge/part1 .shtml (consultado el 16 de abril de 2009).

16. Ewen MacAskill, "U.S. Claims North Korea Helped Build Syria Reactor Plant," *The Guardian*, 25 de abril del 2008, http:// www.guardian.co.uk/world/2008/apr/25/usa.nuclear (consultado el 16 de abril de 2009).

17. Conal Urquhart, "Failed Bomb Attacker Confesses Live on Air," *The Guardian*, 14 de noviembre del 2005, http://www .guardian.co.uk/world/2005/nov/14/alqaida.topstories3 (consultado el 15 de abril de 2009).

18. BBC News, "Al-Qaeda Claims Jordan Attacks," 10 de noviembre de 2005, http://news.bbc.co.uk/2/hi/middle_ east/4423714.stm (consultado el 7 de mayo de 2009).

CAPÍTULO 3
SEIS DÍAS EN JUNIO

1. Eric Hammel, *Six Days in June* (New York: iBooks, 1992), 25.

2. "Six Day War Comprehensive Timeline: June 5, 1967," SixDayWar.co.uk, http://www.sixdaywar.co.uk/timeline.htm (consultado el 12 de mayo de 2009).

3. Ibíd.

4. Mitchell Bard, "The 1967 Six-Day War," Jewish Virtual Library, http://www.jewishvirtuallibrary.org/jsource/History/67 _War.html (consultado el 16 de abril de 2009).

5. "Six Day War Comprehensive Timeline: June 5, 1967."

6. Beyond Images, "1967: Why Israel Entered the West Bank," 21 de octubre del 2004, http://www.beyondimages.info/b103.html (consultado el 12 de mayo de 2009).

7. Mitchell Bard, "The Golan Heights," Jewish Virtual Library, http://www.jewishvirtuallibrary.org/jsource/Peace/golan_hts.html (consultado el 26 de mayo de 2009).

8. Bard, "The 1967 Six-Day War."

9. Como se cita en IsraelNN.com, "Miracles in the Six-Day War: Eyewitness Accounts," 14 de mayo de 2007, http://www .israelnationalnews.com/News/News.aspx/122435 (consultado el 7 de mayo de 2009).

10. Ibíd.

11. Ibíd.

12. Ibíd.

13. Bard, "The 1967 Six-Day War."

14. Mitchell Bard, "The 1948 War," Jewish Virtual Library, http://www.jewishvirtuallibrary.org/jsource/History/1948_War .html (consultado el 16 de abril de 2009).

CAPÍTULO 6
EL LIBERTADOR PROMETIDO

1. Lambert Dolphin, "Visiting the Temple Mount," TempleMount.org, http://www.templemount.org/visittemp.html (consultado el 26 de mayo de 2009).

2. John Fox, *Fox's Book of Martyrs*, ed. William Bryon Forbush, Christian Classics Ethereal Library, http://www.ccel.org/ccel/foxe/ martyrs/files/fox101.htm (consultado el 8 de mayo de 2009).

3. Hans A. Pohlsander, "Constantine I (306–337 a.d.)," *De Imperatoribus Romanis* (una encyclopedia de emperadores romanos), http://www.roman-emperors.org/conniei.htm (consultado el 8 de mayo de 2009).

CAPÍTULO 7
DESDE LAS ARENAS DE ARABIA

1. Mark Willacy, "Hajj Pilgrimage Stampede Kills Hundreds," ABCNewsOnline, 13 de enero de 2006, http://www.abc.net.au/news/newsitems/200601/s1546730.htm (consultado el 16 de abril de 2009).

2. Anne Barnard, "Across the Divide," BostonGlobe.com, 20 de mayo de 2007, http://www.boston.com/news/globe/ideas/articles/2007/05/20/across_the_divide/ (consultado el 8 de mayo de 2009).

CAPÍTULO 8
"¡QUE VIENEN LOS TURCOS!"

1. Para más información sobre la historia de la orden de S. Juan, visite su página web http://www.orderofstjohn.org.

2. Avet Demourian, "Thousands of Armenians Mourn WWI Mass Killings," Associated Press, 24 de abril de 2009, http://www.google.com/hostednews/ap/article/ALeqM5hCA-zobG8qBHFIf yH7WblAInCQKAD97OSGNG1 (consultado el 8 de mayo de 2009).

CAPÍTULO 9
EL MANDATO

1. Metapedia.org, "World War I Casualties," http://en.metapedia.org/wiki/World_War_I_Casualties (consultado el 8 de mayo de 2009).

2. Vivian Gilbert, *The Romance of the Last Crusade*, como se cita en Werner Keller, *The Bible as History,* second rev. ed., trans. William Neil (New York: Bantam Book, William Morrow and Company, 1983), 187.

3. Keller, *The Bible as History,* 187–188.

4. Suburban Emergency Management Project, "Bowl of Scorpions: The Britain's Palestine Mandate June 1920 to June

1929," 10 de septiembre de 2006, http://www.semp.us/publications/biot_reader.php?BiotID=398 (consultado el 16 de abril de 2009).

5. Answers.com, "The Diary of Anne Frank (Historical Context), http://www.answers.com/topic/the-diary-of-anne-frank-play-6 (consultado el 8 de mayo de 2009).

6. Ibíd.

7. Jewish Virtual Library, "The Bombing of the King David Hotel," http://www.jewishvirtuallibrary.org/jsource/History/King_David.html (consultado el 16 de abril de 2009).

8. Holocaust Encyclopedia, "Exodus 1947," United States Holocaust Memorial Museum, http://www.ushmm.org/wlc/article.php?ModuleId=10005419 (consultado el 16 de abril de 2009).

9. Jacob M. Fellure, *The Everything Middle East Book* (Avon, MA: Adams Media, 2004), 161.

10. Historama.com, "Independence Day 1948: 'The Most Crowded Hours in . . . History,'" http://www.historama.com/online-resources/articles/israel/story_israel_first_independence_day_14_may_1948.html (consultado el 14 de mayo de 2009).

CAPÍTULO 10
DÍAS DE DESESPERACIÓN

1. Adam LeBor, "Jaffa: Divided It Fell," *The Independent*, 21 de enero de 2006, http://www.independent.co.uk/news/world/middle-east/jaffa-divided-it-fell-23525.html (consultado el 16 de abril de 2009).

2. Fellure, *The Everything Middle East Book*, 162.

3. United Nations Relief and Works Agency, "Who Is a Palestinian Refugee?" http://www.un.org/unrwa/refugees/whois.html (consultado el 16 de abril de 2009).

CAPÍTULO 11
¿CUÁNDO TERMINARÁ EL CONFLICTO?

1. Mitchell Bard, "The Munich Massacre," Jewish Virtual Library, http://www.jewishvirtuallibrary.org/jsource/Terrorism/munich.html (consultado el 16 de abril de 2009).

2. Mitchell Bard, "The Yom Kippur War," Jewish Virtual Library, http://www.jewishvirtuallibrary.org/jsource/History/73_War.html (consultado el 14 de mayo de 2009).

3. Joseph Telushkin, *Jewish Literacy* (New York: William Morrow and Co., 1991), 318–320.

4. Palestine Facts, "What Is the Story of the IDF's Operation to Release the Hostages From Entebbe in July 1976?" http://www.palestinefacts.org/pf_1967to1991_entebbe.php (consultado el 16 de abril de 2009).

5. Yoni.org, "Yoni Netanyahu—Short Biography," http://www.yoni.org.il/en/biogr.php?p=2 (consultado el 14 de mayo de 2009).

6. *TIME*,"Person of the Year 1977: Anwar Sadat," 2 de enero de 1978, http://www.time.com/time/subscriber/personoftheyear/archive/stories/1977.html (consultado el 28 de mayo de 2009).

7. Ibíd.

8. PalestineFacts.org, "Why Did President Anwar Sadat of Egypt Visit Israel in 1977?" Israel 1967–1991: Sadat Visits Israel, http://www.palestinefacts.org/pf_1967to1991_sadat_1977.php (consultado el 28 de mayo de 2009).

9. Ibíd.

10. Telushkin, *Jewish Literacy*, 329.

11. Ibíd.

12. Ibíd., 328.

13. BBC News, "1970: Civil War Breaks Out in Jordan," En este día: 17 de septiembre, http://news.bbc.co.uk/onthisday/hi/dates/stories/september/17/newsid_4575000/4575159.stm (consultado el 14 de mayo de 2009).

14. Telushkin, *Jewish Literacy*, 332.

15. PBS.org, "Lebanon, Party of God: Facts & Stats, General Background," Mayo del 2003, http://www.pbs.org/frontlineworld/ stories/lebanon/facts.html (consultado el 8 de mayo de 2009).

16. Shimon Peres, *Battling for Peace: A Memoir* (New York: Random House, 1995), 423.

17. Jeff Barak, "Reality Check: Tzipi, Stay Away!" *Jerusalem Post*, 22 de febrero de 2009, http://www.jpost.com/servlet/Satellite ?pagename=JPost%2FJPArticle%2FShowFull&cid=1233304849329 (consultado el 28 de mayo de 2009).

18. Ibíd.

19. Central Intelligence Agency, "West Bank," *The World Factbook*, https://www.cia.gov/library/publications/the-world -factbook/geos/we.html (consultado el 14 de mayo de 2009).

20. Arnaud de Borchgrave, "Rainbow—or Guns of August?" *Middle East Times*, 3 de junio de 2008, http://www.metimes.com/ Politics/2008/06/03/rainbow_or_guns_of_august/2933/ (consultado el 16 de abril de 2009).

CAPÍTULO 12
RECLAMAR LA TIERRA

1. Doron Geller, "The Lavon Affair," Jewish Virtual Library, http://www.jewishvirtuallibrary.org/jsource/History/lavon.html (accesado el 28 de mayo de 2009); Jewish Virtual Library, "The History of Ethiopian Jews," http://www.jewishvirtuallibrary.org/ jsource/Judaism/ejhist.html (consultado el 28 de mayo de 2009).

2. Referencia a Pat Robertson, "Why Evangelical Christians Support Israel," PatRobertson.com, http://www.patrobertson.com/ speeches/IsraelLauder.asp (consultado el 8 de mayo de 2009).

CAPÍTULO 13
HOJAS EN LA HIGUERA

1. Derek Prince, *Israel and the Church: Parallel Restoration* (N.p.: n.d.), visto en http://www.ifapray.org/NL_PDF/PDFNL08/

February08_page3_FINAL_colorversion.pdf (consultado el 14 de mayo de 2009).

2. Theopedia.com, "Latter Rain Movement," http://www .theopedia.com/Latter_Rain_Movement (accessed May 14, 2009); BillyGraham.org, "Bios: William (Billy) F. Graham," http://www .billygraham.org/mediaRelations/bios.asp?p=1 (consultado el 14 de mayo de 2009).

3. Catholic Charismatic Renewal, "About Catholic Charismatic Renewal," http://www.nsc-chariscenter.org/aboutccr.htm (consultado el 14 de mayo de 2009).

CAPÍTULO 14
¿QUIÉN SE LEVANTARÁ? ¿QUIÉN CAERÁ?

1. BBC News, "1995: Israeli PM Shot Dead," On This Day: 4 de noviembre, http://news.bbc.co.uk/onthisday/hi/dates/stories/ november/4/newsid_2514000/2514437.stm (consultado el 11 de mayo de 2009).

2. Greg Myre and Steven Erlanger, "Israeli Forces Enter Lebanon After 2 Soldiers Are Seized," New York Times, 12 de julio de 2006, http://www.nytimes.com/2006/07/12/world/middleeast/ 12cnd-mideast.html?ei=5088&en=edb3d5b4d4e9f84d&ex=131035 6800&partner=rssnyt&emc=rss&pagewanted=print (consultado el 16 de abril de 2009).

3. Billy Briggs, "Tackling the Lethal Legacy of Conflict in Lebanon," Reuters News, 18 de diciembre de 2007, http://www .alertnet.org/thenews/fromthefield/220485/119797453682.htm (consultado el 16 de abril de 2009).

4. Helene Cooper, "U.S. to Give $900 Million in Gaza Aid, Officials Say," New York Times, 24 de febrero de 2009, http:// query.nytimes.com/gst/fullpage.html?res=9A00E4D71430F937A157 51C0A96F9C8B63&scp=2&sq=Gaza%20aid&st=cse (consultado el 16 de abril de 2009).

5. FreeRepublic.com, "Irak's Weapons in Syria," 6 de enero de 2004, http://www.freerepublic.com/focus/f-news/1259806/posts (consultado el 16 de abril de 2009).

6. Mitchell Bard, "Potential Threats to Israel: Syria," *Jewish Virtual Library*, actualizado el 20 de febrero de 2009, http://www.jewishvirtuallibrary.org/jsource/Threats_to_Israel/Syria.html (consultado el 16 de abril de 2009).

7. Farah Stockman, "U.S. Will Review Aid to Pakistan," Boston Globe, 5 de noviembre de 2007, http://www.boston.com/news/nation/washington/articles/2007/11/05/us_will_review_aid_to_pakistan/ (consultado el 16 de abril de 2009).

8. Simon Tisdale, "Pakistan Nuclear Projects Raise US Fears," *Guardian*, 3 de mayo del 2009, http://www.guardian.co.uk/world/2009/may/03/pakistan-nuclear-security (consultado el 11 de mayo de 2009).

9. Alex Crawford, "Pakistan Taliban Warns of Revenge Attacks," SKY New, 12 de mayo del 2009, http://news.sky.com/skynews/Home/World-News/Pakistan-Swat-Valley-Taliban-Warns-Of-Revenge-Attacks-Over-Military-Operation/Article/200905215280097?lpos=World_News_Carousel_Region_2&lid=ARTICLE_15280097_Pakistan_Swat_Valley%3A_Taliban_Warns_Of_Revenge_Attacks_Over_Military_Operation (consultado el 14 de mayo de 2009).

10. James Rosen y Shannon Bream, "Clinton: Pakistan Must Keep Lid on Taliban to Guarantee Safety of Nukes," FOXNews.com, 26 de abril de 2009, http://www.foxnews.com/politics/first100days/2009/04/26/clinton-pakistan-lid-taliban-guarantee-safety-nukes/ (consultado el 29 de mayo de 2009).

11. Mark Berniker, "Afghanistan: Back to Bad Opium Habits," Asia Times Online, 25 de diciembre de 2002, http://www.atimes.com/atimes/Central_Asia/DL25Ag01.html (consultado el 16 de abril de 2009).

12. Preston Mendenhall, "Afghanistan Tests the Taliban," MSNBC.com, 22 de mayo de 2001, http://www.msnbc.msn.com/id/3071818/ (consultado el 16 de abril de 2009).

13. BBC News, "Russia Backs Iran Nuclear Rights," 16 de octubre de 2007, http://news.bbc.co.uk/2/hi/middle_east/7046258.stm (consultado el 16 de abril de 2009).

CAPÍTULO 15
LA AMENAZA IRANÍ

1. Tony Capaccio, "Petraeus Says Israel Might Choose to Attack Iran (Update3)," Bloomberg.com, 1 de abril de 2009 http://www.bloomberg.com/apps/news?pid=newsarchive&sid=aO2qzmkgbWIQ (consultado el 17 de abril de 2009).

2. BBCNews.co.uk, "Obama Presses Netanyahu Over Two-State Plan," 18 de mayo del 2009, http://news.bbc.co.uk/2/hi/middle_east/8055105.stm (consultado el 29 de mayo de 2009).

3. Dion Nissenbaum, "Netanyahu Warns of Iran," *Miami Herald*, 1 de abril de 2009, http://www.miamiherald.com/news/world/story/978050.html (consultado el 17 de abril de 2009).

4. CQ Transcripts Wire, "President Ahmadinejad Delivers Remarks at Columbia University," *Washington Post*, 24 de septiembre de 2007, http://www.washingtonpost.com/wp-dyn/content/article/2007/09/24/AR2007092401042.html (consultado el 17 de abril de 2009).

5. Anton La Guardia, "'Divine Mission' Driving Iran's New Leader," *The Telegraph*, 15 de enero de 2006, http://www.telegraph.co.uk/news/worldnews/middleeast/iran/1507818/Divine-mission-driving-Irans-new-leader.html (consultado el 17 de abril de 2009).

6. Yaakov Katz, "IAF Uses New US-Supplied Smart Bomb," *Jerusalem Post*, 29 de diciembre de 2008, http://www.jpost.com/servlet/Satellite?cid=1230456505080&pagename=JPost%2FJPArticle%2FshowFull (consultado el 17 de abril de 2009).

7. Ibíd.

8. CNN.com, "Obama Travels to Europe; Interview with James Baker," *Global Public Square* transcript, 5 de abril de 2009, http://transcripts.cnn.com/TRANSCRIPTS/0904/05/fzgps.01.html (consultado el 29 de mayo de 2009).

9. *Middle East Times*, "Maliki Urges Iranian Firms to Invest in Irak," 27 de marzo de 2009, http://www.metimes.com/Politics/2009/03/27/maliki_urges_iranian_firms_to_invest_in_iraq/afp/ (consultado el 17 de abril de 2009).

CAPÍTULO 16
LA BATALLA DE LOS SIGLOS

1. David Blair, "WEF 2009: Hero's Welcome for Turkish PM After He Denounces Israel's Attack on Gaza," Telegraph, 30 de enero de 2009, http://www.telegraph.co.uk/news/worldnews/europe/turkey/4397697/WEF-2009-Heros-welcome-for-Turkish-PM-after-he-denounces-Israels-attack-on-Gaza.html (consultado el 17 de abril de 2009).

2. Isabel Kershner, "Netanyahu Backs a Palestinian State, With Caveats," *New York Times*, http://www.nytimes.com/2009/06/15/world/middleeast/15mideast.html (consultado el 16 de junio de 2009).

3. The White House, "Remarks by the President on a New Beginning," June 4, 2009, http://www.whitehouse.gov/the_press_office/Remarks-by-the-President-at-Cairo-University-6-04-09/ (consultado el 8 de junio de 2009).

4. Ibíd.

Francisco

Fonseca

Idiáquez

Jose Alberto Idiaquez

jidiaquez@yahoo.com.mx

738